SHU YAMAGUCHI

THE FUTURE OF BUSINESS

PUTTING THE HUMANITY BACK IN ECONOMICS

商業的未來

找回經濟中的人性

山口周／作　　陳幼雯／譯

前言

商業（Business）已經結束自己的歷史使命了嗎？

撰寫本書的起心動念，源於我心中的這個疑問。因此我從各個角度探究這個問題，並記錄研究結果，撰成本書。我知道貿然對這麼大的問題給出答案很危險，不過我想先講我的結論：

答案是肯定的，商業漸漸在結束自己的歷史使命。

本書接下來列舉的各種數據，皆證明我們這兩百年不斷在執行的任務——透過經濟與科技的力量，消除社會上的物質匱乏——已經結束。近年常常會用「低成長」、「停滯」、「衰退」等負面詞彙形容這個情況，但是這完全不值得悲傷。我們人類自古以來始終懷抱著「打造一個沒有生存威脅的物質社會基礎」的願望，而從目前的情況來看，我們的願望終於達成了，換句話來形容，這個情況相當於「慶典的高原」。

活在21世紀的我們所肩負的任務，並不是緬懷過去，或想辦法搶救走入尾聲的「經濟成長」遊戲，我們可以在抵達「高原」的同時為彼此慶賀，並透過「新的活動」，將世界從「僅止於安全、便利、舒適的世界」推往「真正豐饒且值得一活的社會」。

正面迎戰這個轉捩點時，我覺得有三個重點要注意：

第一個重點是「接受結束的事實」。社會正在面臨巨大的「轉機」，我想應該無人存疑吧，但是要怎麼做才是正面迎戰呢？美國的臨床心理學家、組織發展顧問威廉．布瑞奇[1]指出「接受結束的事實」這件事的重要性。

有些人因為無法順利度過人生的轉捩點與關卡飽受折磨，布瑞奇對他們進行了團體治療，並發現這些個案有個共通點，他們的潛在問題都是「活在過去」。也就是說，布瑞奇發現「轉捩點」指的不是「開始的時期」，而是「結束的時期」。同理可證，如果我們社會正面臨某個轉捩點，在問「什麼事情要開始了」這個問題之前，我們必須先面對的是「什麼事情要結束了」。那麼到底要結束的是什麼呢？我可以先公布答案，答案就是我開頭所寫，「透過經濟成長與科技的力量，消除社會上的物質匱乏」這個任務要結束了。關於這一點，我後面會不厭其煩舉出各種數據來討論。

第二個重點是「正面接納現況」。

現今我們社會在各種場域使用「低成長」、「停滯」、「衰退」這些詞彙，但是長久以來我都覺得以這些形容詞描述當今社會有些問題，因為各個經濟、社會的指標都一再顯示，一百年來我們已經有長足的進步與改善。常聽到的「低成長」其實是成長的終點，邁向「成熟而光明的高原」之後必然會得到這個結果，我認為無需悲嘆。

「低成長」是「文明化結束」帶來的必然結果，只要文明化結束，負責推動文明化的商業順理成章也將停滯。本書隨後會再討論，地球資源與環境有限，所有國家終究會在某個階段停止成長，如果把「成長的停止」當作「文明化的完成（終點）」，我們是不是可以說，日本是全球最早抵達終點的國家呢？反過來說，「高成長率」代表的就是「文明化的未完成」，成長率會高，不是因為很進步，而是因為進步空間很大。重新理解這個「成長的意義」，對於世界局勢的認知也會一百八十度翻轉。

我們使用「低成長」描述社會，已經預設「社會只有高成長與低成長兩種狀態」，當我們只有高成長與低成長兩個選項擇一時，自然會回答「高成長比較好」，但這屬於誘導式問題。我舉個反證，以「不成熟與成熟」來代換這兩個詞彙，只能二選一的話，大家都會認為「成熟比較好」吧。「成熟」意謂著「低成長」，而「不成熟」與高成長往往是一體兩面的概念。

簡單來說，我們在評價事物的時候使用不同的二元對立框架，就會得到不同結果。索緒爾[2]曾經指出，我們對世界的理解，一定會受限於自己使用的語言框架，因此在使用「高成長或低成長」這種粗糙的二元對立論來理解現況時，我覺得需要更慎重一點。

說到底最大的問題在於，我們都還沒設想好「想打造出什麼樣的社會」，「成長」這個單純描述變化率的指標卻已大行其道。評價社會時常常會使用「成長率」這個概念，但這不是描述社會狀態的指標，而是描述變化率的指標，也就是很多人把數學上的「微分值」當作描述狀態的指標。

然而假如我們每天的勞動是為了實現「理想的社會」，理想社會的實現程度，就應該用「積分值」去描述。倘若以「描述狀態的指標」重新回顧現在的世界，就會發現我們人類在這一百年之間，已經成就了非常了不起的大業。

請看下一頁的圖1，上圖是一八〇〇年，下圖是二〇一九年的世界狀態，圖表的縱軸是平均壽命，橫軸是平均每人所得GDP，每個圓是一個國家，圓的大小表示人口數。

看到圖表，就會很清楚我們人類在這兩百年之間有了多麼長足的進步，許多國家的平均壽命翻倍，平均每人所得GDP成長約十至數十倍，其中堪稱跳躍性變化的日本尤其引人注目。一八〇〇年，日本在印度的上方，平均每人所得GDP與巴基斯坦同等級，到二〇一九年，已經爬到幾乎與法國和英國同等的水準，與其他主要已開發國家相比，也只有些微之差。

近年在各種場合都能看到有人不厭其煩地把日本與美國相比，提出「日本糟糕論」，但是只要查一下資料就知道，美日的差異是大是小端看比較的標準為何。從山腳看來，聖母峰頂附近難以翻越的一百公尺高度，其實與峰頂相去不遠，我們日本人應該可以用更正面的態度對過去成就做出評價吧。

圖 1：1800 年的世界與 2019 年的世界

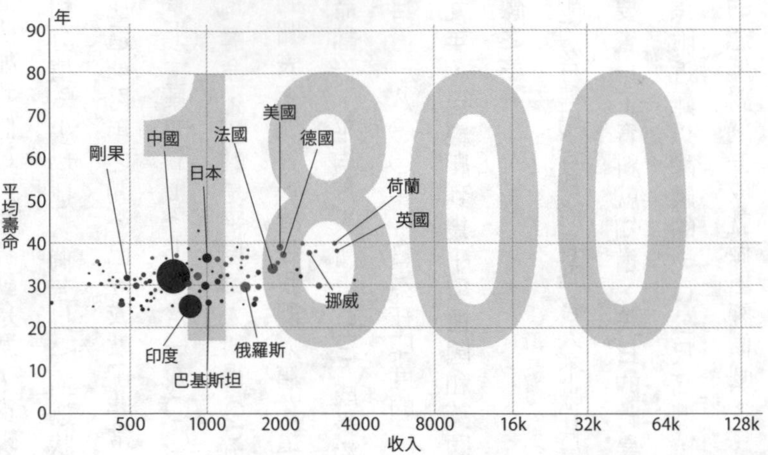

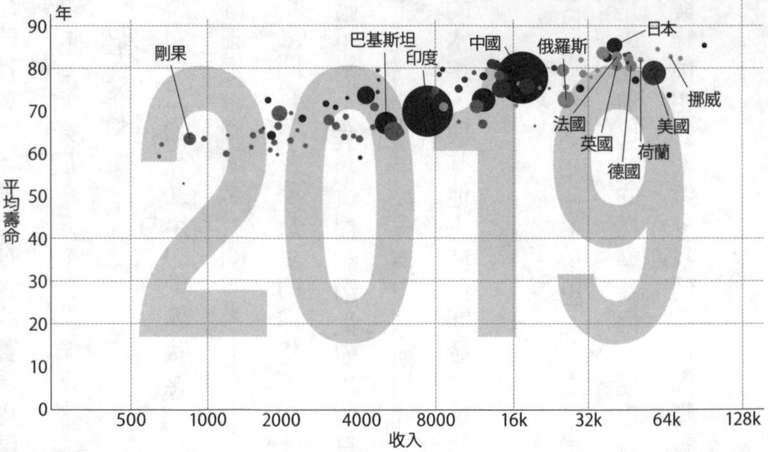

漢斯．羅斯林[3]暢銷全球的作品《真確：扭轉十大直覺偏誤，發現事情比你想的美好》，藉各種指標指出世界已經變得多好了；這本書在全球的熱銷程度，正好也說明了其實我們常態性地用「量化狀態的變化率」理解社會現況，並因為數字沒有成長而失去信心。

最後，迎戰這個轉捩點的第三個重點，我想提出的討論是「新遊戲的開始」。

近來有許多研究指出資本主義已經山窮水盡，但大部分的論述都只是悲劇性地哭喊一句「完蛋了」，完全不明示新的方向。雖然我說商業「消除社會上的物質匱乏」的這項使命已經幾乎達成，我們社會也正在朝「慶典的高原」邁進，但是我並不打算貿然斷言「資本主義完蛋了」或「社會發展戛然而止」。就「解決物質匱乏」的任務來說，當代社會已經處於遊戲結束的狀態，但是還有很多過往的商業難以解決的社會議題，比方說「生存意義」、「工作意義」這種「意義價值喪失」的問題，以及貧窮、貧富差距、環境問題等等。極端一點來說，世界對大多數人來說已經變得「方便安全又舒適」，不過依然不是「真正豐饒、值得一活的社會」。解決這些問題的方法要依議題而定，但總之這個情況我可以說是「舊遊戲結束，新遊戲開始了」。

補充一下，本書借用了社會學家見田宗介老師的著作《現代社會要往哪裡去——拓展高原的視野》（現代社会はどこに向かうか——高原の見晴らしを切り開くこと，暫譯）中使用的各種比喻和思考架構，包括書中多次出現的「高原」比喻、將我們生活的當代視為世界史上「第二轉捩點」的史觀等等，在此向見田老師致上我的謝意。

寫給忙碌的各位讀者

接下來就要進入正文了，不過我想在這裡替忙碌的讀者統整本書的重要論點。

一、我們社會正在往光明開闊的「高原社會」軟著陸（Soft Landing）：

・人類自古夢寐以求的「解決物質的匱乏」，在我們社會中已經幾乎快實現了。長年成長的結果形成成長率緩慢下降的現況，用比喻來形容，就是「往高原軟著陸」。

・緩慢降落、靠近「高原」的現況，常常會被用「低成長」、「停滯」和「衰退」這類的詞描述，不過這些負面詞非常不適合用來描述現況。

・以前「無限上升、擴大、成長」的壓力不斷鞭策我們，十九世紀中葉以後，社會從壓力中得到釋放，我們接下來的使命，就是思考如何讓社會更富饒、生機盎然，然後採取行動。

二、高原社會的課題是「為經濟找回人性」：

・資本主義各種制度的疲弊都已然被指明，但是全盤否定資本主義而尋求新的制度可能有「被既定觀念綁架」的危險。

・既然社會內建了資本主義和自由市場機制，我們可以反過來駭進現有制度，思考怎麼「整盤端走」。

・這個時候，我們需要編寫「經濟性原理＝經濟中的人性原理＝人性」的運算邏輯；在社會這個積體電路中，扮演中央處理器（CPU）角色的個體運算需要人性元素。

三、實踐的關鍵在於跟隨「人性本能的衝動」從事勞動與消費：

・被經濟之理性滲透的思考與行為模式，可以透過「喜怒哀樂的衝動」重新轉化，讓單憑經濟理性無法解決的問題、無法實現的構想得以實現。

・此時我們的思考與行為模式，需要從「犧牲現在成就未來」的工具主義（Instrumental，功能性）轉型，成為「活在不停流轉的現在，活得豐饒又生機盎然」這種自我成就式的 consummatory（圓滿性）[4]。

・找回以衝動為動力的經濟活動，為過度追求經濟理性而停滯的「社會革新」注入活水。

四、實踐的路上需要將教育、福利、稅制等社會基石升級：

・為了促進以衝動為動力的 Consummatory 經濟活動，必須推行「無條件基本收入（UBI）」，保障全民都能安心尋找或從事自己「熱衷的工作」。

・GDP 是透過統計物質的量掌握經濟狀況，如果 GDP 已經漸漸失效，應該推行社會平衡計分卡，以多元指標計算高原社會的健全與豐饒程度。

・當初是為了培育人才、解決物質匱乏問題、推動文明化，才建構出現行的教育制度，因此這套制度需要從根本上進行檢討，改造成可以覺察自己的衝動、採取行動、與夥伴分工合作的人才培育制度。

・改換成高負擔、高福利型的稅制，讓前述的 UBI 與教育政策得以推行，藉此重新進行財富的動態分配。

讀完重點整理後覺得「喔？好像滿有趣的」的朋友，請你們往下讀正文，我相信你們一定會喜歡。

相反地，讀完之後覺得「啊？這傢伙到底在胡扯什麼」的朋友，也請你們往下讀正文，我想你們一定會更喜歡。

1 William Bridges（1933-2013)，美國的作家、演說家、組織顧問。取得哈佛大學英語學學士、哥倫比亞大學美國史碩士、布朗大學美國文學博士之後，在密爾斯學院擔任文學教授，辭去教職後從事著書、演講、臨床、顧問等工作，並自行研究組織發展理論，最後當到了人本主義心理學學會（Society for Humanistic Psychology）的會長。（節錄、摘要、編輯自「維基百科」）

2 Ferdinand de Saussure（1857-1913），瑞士的語言學家、語言哲學家，被視為「近代語言學之父」，奠定了符號論的基礎，影響後來的結構主義思想。除了語言學家路易．葉爾姆斯列夫（Louis Hjelmslev）與羅曼．雅各布森（Roman Osipovich Jakobson），眾多思想家包括克勞德．李維史陀（Claude Lévi-Strauss）、莫里斯．梅洛-龐蒂（Maurice Merleau-Ponty）、羅蘭．巴特（Roland Barthes）、雅各．拉岡（Jacques-Marie-Émile Lacan）、尚．布希亞（Jean Baudrillard）、茱莉亞．克莉斯蒂娃（Julia Kristeva）、諾姆．杭士基（Avram Noam Chomsky）等也都受到他的影響。（節錄、摘要、編輯自「維基百科」）

3 Hans Rosling（1948-2017），生於瑞典烏普薩拉市的醫師、公共衛生學家。擔任卡羅林斯卡醫學院的國際衛生學教授，並在位於斯德哥爾摩的蓋普曼德基金會（Gapminder Foundation）擔任總監。他在全球暢銷的著作《真確：扭轉十大直覺偏誤，發現事情比你想的美好》中，用各種數據證明世界成長了多少。（節錄、摘要、編輯自「維基百科」）

4 美國社會學家塔爾科特．帕森斯（Talcott Parsons）的自創詞，意思是「以其本身為目的」、「自我成就的」，過去都用於社會學領域。「Consummatory」的相對詞是「Instrumental（工具性的）」。）

目錄

第二章 我們要邁向何方？

第三章

我們該如何是好？

第一章　我們身處何方？

其實我沒有那麼悲傷，因為我在這樣的山中，悄無聲息地體會著連你們都不知道的生命喜悅啊。

堀辰雄《美麗之村》（美しい村，暫譯）

我們身處何方？

本章首先想確認「我們身處何方」這個問題。各位讀者都知道，本書撰寫時的二〇二〇年九月，COVID-19病毒的全球大流行已至顛峰，各式各樣的討論都在問疫情什麼時候會結束，或者根本上有沒有可能結束。

然而，所有討論的前提都是「我們回不去原本的世界了」。不管這個變化是好是壞，我們正處於不可逆的變化當中，我們接下來依然要用很長的時間，討論怎麼熬過疫情的變化，可是在討論前我們要先取得一個重要共識，這共識同時也是重要的癥結點，也就是：

我們身處何方？

我們社會處在什麼樣的情境？

如果輕忽這個癥結點的討論，只顧著埋頭推行一些短期方案，最後捲土重來的將會是「過去的劣質複製品」。

現在是二〇二〇年九月，許多人反覆討論的主題是「要怎麼恢復日常生活」，但是我們真的希望「完全復刻過去的生活」嗎？

如何設想疫情後的世界？

舉例來說，疫情期間全世界有很多人無從選擇，被迫在家工作。以前大家都覺得去公司上班的生活模式天經地義，而且毫不存疑，但現在他們對於恢復這種通勤生活表達了強烈的抗拒[1]。這是個很明顯的例子，告訴我們習以為常、毫不存疑的習慣與行為，其實根本沒有任何必然與合理性可言。

如果我們過去的「習以為常」沒有任何必然與合理性，恢復充滿這些習以為常的生活一點意義都沒有。而且很多人發現了一個驚人的事實：世界已經變成這樣的狀態，我們不能單純「走回頭路」了。

我們此刻要認真思考的不是「回歸日常」，因為這種生活終究只是在「錯誤地復刻錯誤的過去」。放眼全球，應該沒有任何人會覺得疫情前的世界完美到無懈可擊吧，既然如此，此刻我們必須思考的問題應該是：如果疫情是一個「轉機」，我們要如何設想疫情後的世界？這世界與以前的世界可能會有什麼差異？

在討論這個問題前，必須先掌握一個重點，就是「疫情前的世界到底處於什麼樣的情境之中」。

第一章主要會從經濟和社會統計的各種數據，來討論這個問題。

抵達高原的社會

我想先討論的議題是：我們社會已經結束「確保物質性生存條件足夠」這項任務了。自古以來，我們社會長期為「物質貧困」所苦，不過在疫情發生前的階段，這個問題已經幾乎得到解決了。

請看圖2，NHK放送文化研究所從一九七三年起，每五年會進行一次「日本人的意向調查」，這是比較「生活滿意度」項目在一九七三和二〇一八年的結果[2]。從圖中可以發現，個人生活與社會生活兩方面的物質滿意度都非常高，我們社會自古以來一直飽受物質貧困之苦，而調查結果顯示對大多數人來說，這個問題已經解決了。社會多數人都有這樣的感受，這是人類史上頭一遭。

圖 2：生活滿意度比較（1973 年與 2018 年）

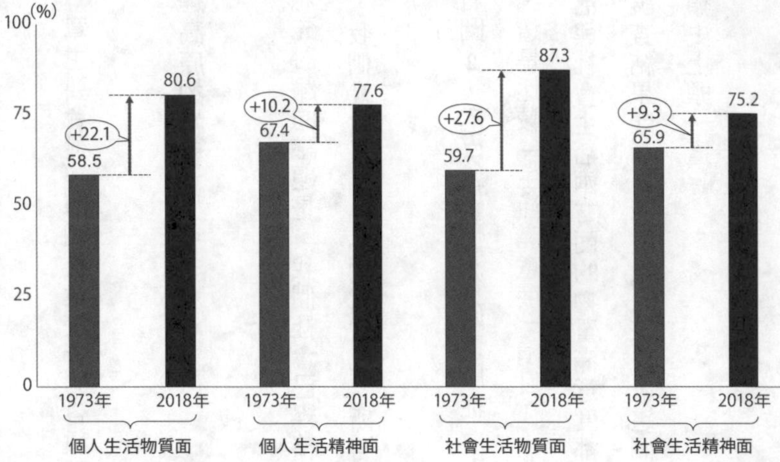

其他調查也指出了相同的結果，請看圖3。世界各國從一九八一年起開始進行「世界價值觀調查（World Values Survey）」，圖3比較的是日本在「生活滿意度」項目中，一九八一至一九八四年和二〇一〇年的情況。我們馬上就會發現「山頂往右側位移了很多」，一九八一至一九八四年的調查中，山頂落在「6」左右，二〇一〇年的調查中，山頂右移了兩個級別，落在「8」，這代表生活滿意度高的人數大幅增加。值得注意的是「5」以下的級別，「生活滿意度低的人」的比例幾乎沒有變化。

圖 3：生活滿意度的回答（出自世界價值觀調查）

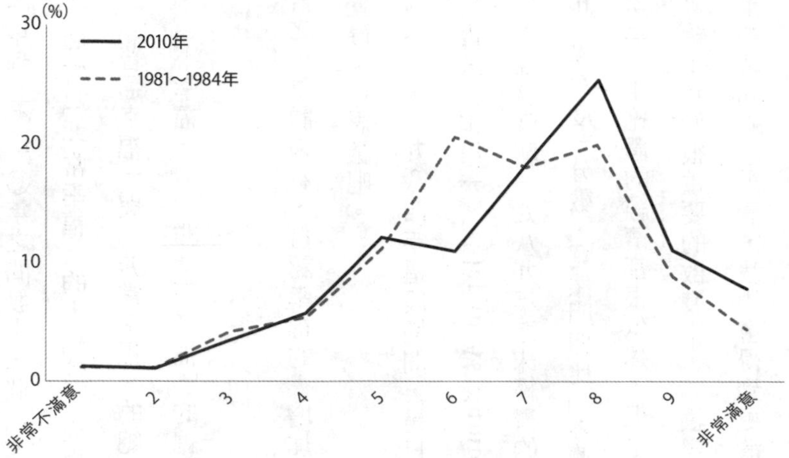

由此可見，我們社會在這三十年已經成功「讓滿意度高的人大量增加」，對於「讓滿意度低的人大量減少」這件事卻很失敗，意思是「有些人被排除在外」了，這當然也是一個重大的社會議題，這一點我後面會再次提到，我們先繼續看下去。

整體來說，「自認幸福」的人大幅增加

也許是因為生活滿意度大幅提升，日本同期間在同一個「世界價值觀調查」中，「幸福度」項目也有大幅成長，請見圖4。

從這張圖表可以發現，一九八一至

一九八四年到二〇一〇年之間發生三個巨大變化：

一、回答「非常幸福」的人翻倍，從百分之十五成長到百分之三十二。

二、「普通幸福」與「非常幸福」的總數從百分之七十七成長到百分之八十六。

三、「不幸福」與「非常不幸福」的總數從百分之十六減少為百分之十。

簡言之，整體來看，自認幸福的人增加，自認不幸的人減少。看到這些數字，應該有很多人會覺得不可思議吧。

一九八一至一九八四年這段期間，是日本經濟邁向巔峰的前夕，傅高義[3]一九七九年出版的暢銷書《日本第一》（Japan As Number One，暫譯）盛讚日本經營的優勢，這個時期之後，日本經濟就朝一九八九年泡沫經濟的巔峰一路往上爬。「經濟成長快速時期」的「幸福度」和「滿意度」分數，竟然明顯比「經濟停滯時期」還要低，我們該如何解讀這件事呢？

過去三十年總體的經濟都很低迷，但是「生活滿意度」和「幸福度」卻大幅得到改善，這個事實給了我們很重要的啟發——「讓經濟繼續成長已經沒有太大的意義了」。參照這個調查結果的時間順序來看，我們會得到更清晰的結論。

圖 4：世界價值觀調查中，日本幸福度相關的回答（2010 年與 1981-1984 年）

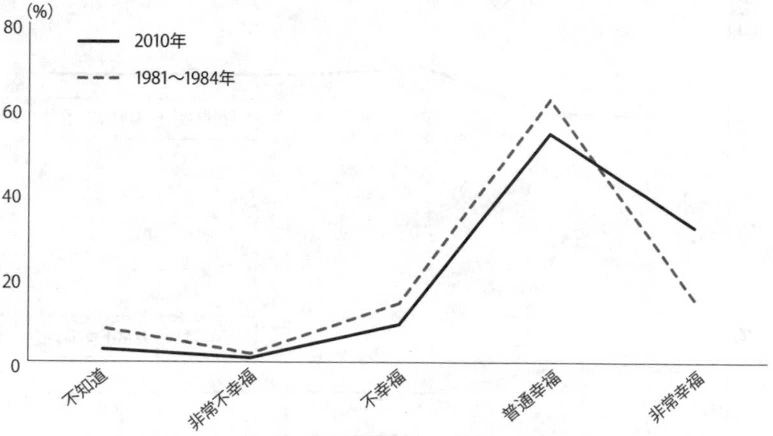

請見圖 5。這張圖是從時序來看剛剛世界價值觀調查中，日本「幸福度」的相關數據。從圖表可以看到，日本達到經濟霸權顛峰的一九九〇年是個分水嶺，過了顛峰之後，經濟明顯衰退，「幸福度」反而增加了十個百分點。

趨近夢想烏托邦的社會

如果直觀解釋這個數據，會得到一個不言自明的結論：經濟與幸福已經沒有太大的關聯。長年經濟成長之後，人類夢寐以求，希望獲得物質基礎以求生存的夢想

圖 5：世界價值觀調查中，日本幸福度分數的變化

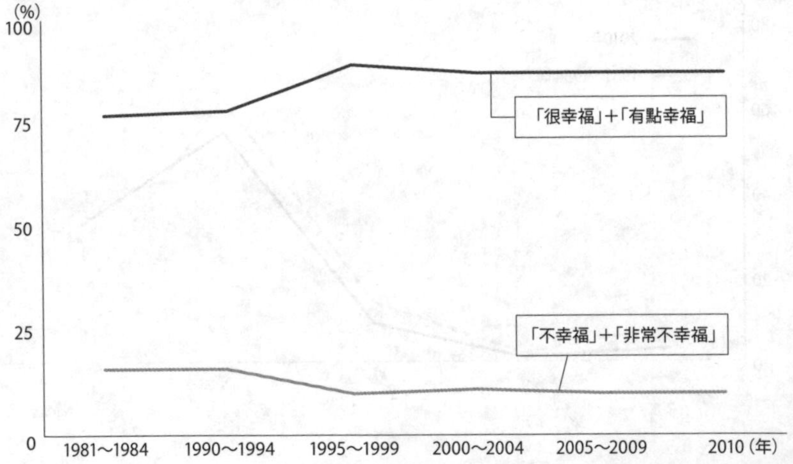

已然達成，當今社會堪稱是多數人自認幸福的社會……我們也許已經建立了近似過去人們夢想中的烏托邦社會，這算是很驚人的成就。

然而，近年在很多地方都能聽見有人高聲疾呼「日本的重生」或「日本的東山再起」，這些聲音的背後，總是帶有「過去的世界舞台上日本曾是經濟強國，我想找回往日的國威」這種國家主義式的緬懷。不過在徹底理解前述事實之後，就會知道觀念這麼不合時宜的人，充其量是被「經濟霸權決定國家位階」的過時價值觀綁架的老骨董而已。

我們日本人常常以「失去的數十年」

自嘲泡沫經濟後的數十年衰退，但是我們到底失去過什麼？如果失去的是「經濟強國的驕傲」，找回這個驕傲又有什麼意義呢？

不妨回想一下一九八〇年代後半的那群日本人，他們沉浸在泡沫經濟的威能感之中，到全球爆買不動產、美術品或名牌品，將沒有品味的暴發戶本性表露無遺，因此為人詬病，還得到「經濟動物（Economic Animal）」（指稱以追求經濟利益為第一要務的人）這種羞辱式的嘲諷，讓自己無比難堪。

一九九〇年代前半的泡沫經濟瓦解之後，低迷的經濟與股價讓人感到挫敗，我們社會常常描述這段時期是「停滯的黑暗谷底」，這個描述不但過於負面，而且也與事實不符。我們社會確實還有很多問題不容忽視，可是前面看到的「滿意度」、「幸福度」數據，顯示出我們社會正逐步邁向「光明開闊又幸福的高原」。我們社會前進的方向並不是「停滯的黑暗谷底」，而是「成熟而光明的高原」，這就是我第一個想討論的「疫情前的情境」。

商業的使命告終

如今已開發國家幾乎解決了人類長久以來的問題，打造了沒有生存威脅的物質社會基礎，這當然是值得人類慶祝的成就，不過與此同時也發生了另一個棘手的問題：「商業的歷史使命告終」。這是什麼意思呢？

創辦日本家電產業的代表企業 Panasonic（舊名：松下電器產業）的松下幸之助，他在創業時自述他們的使命如下：

> 生產者的使命是將貴重的生活物資如自來水般無限供應，無論多貴重的東西，都要以幾近無償的價格大量提供，這樣才能消除貧窮，消除貧窮衍生的各種煩惱，將生活的苦悶限縮到最小。有了以物資爲中心的樂園，加上宗教力量帶來的心靈安定，人生就圓滿了，我們經營的眞諦就在這裡。[4]

這是大家都知道的「自來水哲學」宣言，松下幸之助在宣言中，表示「生產者的使命」

是「無限供應生活物資，消除貧窮」，既然當代日本有八至九成的人都滿意於物質生活，意謂著 Panasonic 已經完成他們的社會使命。

西歐國家耗時數百年才建構了文明世界，我們日本人不到半世紀就在太平洋戰爭後、被夷為平地的國土上重建，被世界各國讚譽為「奇蹟」。從結果來說，我們國家幾乎已完成松下幸之助先生設定的使命，「供應豐沛的生活物資，減少貧窮」。

這個情況不限於日本，各種統計數據都顯示，活在二十一世紀已開發國家的多數人，物質上都沒有什麼不滿，必然產生「消費的非物質化」這種變化。

密西根大學的政治學教授羅納德．英格爾哈特[5]根據前述「世界價值觀調查」的詳細分析，認為我們已開發國家的社會，已經從過去那種首重經濟成長與提高收入的「近代社會」，走向首重生活品質和幸福感的「後近代社會」了[6]。我們正好就活在「文明化結束的時代」。

然而「物質欲得到滿足」直接意謂著「市場需求的縮小」，這在商業經濟上非同小可。畢竟當代的社會制度建立在「無限成長」的前提之上，與物質需求不會增加的「高原狀態」格格不入。

人類的宿願，夢寐以求的大環境已經在眼前漸漸成形，這是全體人類完成的大業，我們卻不能牽起手來同聲慶祝。別說慶祝了，所有企業從高層到基層反而都愁眉苦臉在煩惱「營收、收益沒成長」、「股價沒起色」、「找不到成長機會」、「無法開拓新創事業」。

這代表在參與的「追求無限成長的經濟」遊戲中，我們許多人本質上的破綻，是在遊戲結束時會爆炸的定時炸彈，這些經濟活動強烈要求我們設定使命，卻不讓我們在達成使命時感到喜悅。

儘管商業的歷史使命已經結束了，卻還是有人表現得恍如使命未竟，為世上帶來不必要的混亂，試圖拖延「使命的期限」，甚有許多企業宣稱這種行為是「行銷」。開篇布瑞奇提出的問題「接受結束的事實」，在這裡又出現了。許多從事經濟活動的人都已經注意到這些活動的虛偽，他們被迫從事沒有意義的工作，被施壓要達成遠大的目標，結果精神就出了毛病。

轉型為「孕育豐富文化的商業經濟」

二〇一七年，WHO（世界衛生組織）警告全球憂鬱症持續增加的趨勢，可能成為二十一世紀已開發國家的嚴重疾病之一，其實這件事與文明化的結束問題有緊密的關係。人類的生存動力源是「意義」，從事無意義的活動無法生存。假使我們社會未來將面臨巨大危機，這危機不會是經濟衰退或物質匱乏，一定起因於「意義的失落」。

十九世紀的哲學家尼采[7]預言因近代化而獲得豐富物質的人們，會陷入「意義的失落」之窘境。他也預言，物質越來越豐富，科學的興起也讓宗教規範更快解體，一般人民將為「意義的失落」這種重大疾病所苦。據尼采所言，失去意義的人們會淪為虛無主義。「虛無主義」又是什麼呢？他認為就是「無法回答某件事意義為何的狀態」。

> 虛無主義意謂著什麼呢？……意謂著各種最高價值貶值，沒有目標，也回答不了「爲什麼」。
>
> 弗里德里希．尼采《權力意志》

古希臘的最高肯定「真善美」貶值，對於「為什麼」也找不到答案，尼采將這種狀態取名為虛無主義。沒想到尼采對虛無主義的定義，竟然能如此精準描述當今社會的現況，真是讓人不寒而慄。如果「提供豐富的物質，讓社會脫貧」是商業的目的，九成民眾都滿足於物質生活的情況下，就無法回答「我們是為了什麼存在」的問題。不對，這不只是個別公司的事，如果將商業的使命定義為「從社會上消除物質匱乏與缺憾」，前面提出的數字正好就顯示「商業漸漸在結束自己的歷史使命」。

既然如此，在「慶典的高原」中，我們應該怎麼做？我會在第三章中詳細討論這個問題，不過這裡可以先說，我的答案是商業要從「孕育豐富的文明」轉型為「孕育豐富的文化」。一如前文的討論，「解決物質匱乏」是我們社會自古以來的願望，如今也已經達成了；在這個時期，我們可以好好慶祝這項豐功偉業，接受這項任務的結束，然後必須開始思考在下一個千年紀，我們的社會需要裝載什麼價值。

GDP成長率的天花板

接著我們來看看GDP。

撰寫本書的二〇二〇年六月，國際貨幣基金組織（IMF）已經將二〇二〇年世界經濟成長率下修為百分之負四點九，並表示「這是一九二九年經濟大蕭條以來最嚴重的經濟衰

圖 6：七大工業國的 GDP 成長率

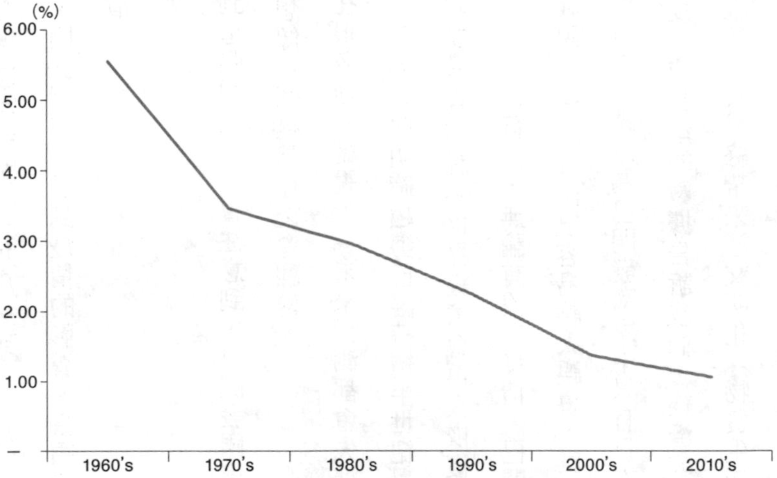

退」。[8]再來看各國的預測，美國可能是一九四六年以來最嚴重的負成長，英國是一七〇九年以來最嚴重的負成長，法國也是一九五〇年以來最退步的負成長。IMF 認為，如果全球大流行的第二波疫情能順利平息，「世界經濟會再次恢復成長」，這種說法……我想應該是刻意為之，因為它很容易讓人誤會。

我的意思是，已開發國家的經濟成長率，在疫情爆發前的階段，就已經長期處於很明顯低迷趨勢。請見圖 6，這是世界銀行（WB）公布的資料，依照時間序呈現七大工業國 G7 的 GDP 成長率變化。[9]變化算的是各國 GDP 每十年的平均成長率（比方說 1980's 就是一九八一到一九九〇每年 GDP 成長率的平均），數據只統計到二〇一九年，因此還沒有受到疫情的影響。德國的資料從一九七一年才開始算，沒有納入 1960's 的平均值。

看到這張圖表馬上會注意到，已開發國家過去半世紀的 GDP 成長率有明確下降的趨勢，我很難想像這個趨勢往後會翻轉。

我在很多地方總說：「未來預測都會失準。」講這種話也許有人會覺得「你怎麼出爾反爾啊」，不過如此明確趨勢已經持續半世紀以上，自然會覺得長期趨勢翻轉的可能性很低。

聽到 IMF 宣布說「世界經濟會再次恢復成長」，我們都會誤以為「疫情前的世界經濟正在成長」。事實上，無論有沒有疫情，已開發國家的經濟成長率都很低迷，中長期趨向零成長。我說 IMF 的說法很容易讓人誤會，就是這個原因。

我們日本人總以為已開發國家中只有日本沒搭上經濟成長的列車，不過這個認知與事實正好相反。成長率的數據告訴我們，經濟成長率的低迷並不是出於各國經濟政策的優劣差異，是經濟成長最終帶來了文明化（物質生活基礎）的完成，也造就了這個宿命的結果。

「搶救 GDP」

已經有許多經濟學家指出，我們世界處於趨近零成長的狀態之中，這是無可避免的，哈佛大學的經濟學教授勞倫斯．薩默斯[10]認為，已開發國家 GDP 成長率有長期低迷的趨勢，並將這種情況取名為「長期停滯（Secular Stagnation）」。

2009 年全球金融危機之後，聯邦準備理事會（FRB）雖然積極推動量化寬鬆政策，卻只讓美國經濟產生遠不如預期的些微起色，利率也依然低迷，薩默斯對此表示「應該有很多專家完全沒有料想到這個結果」。也就是說，薩默斯想提出一個問題：「這是否並非源自金融危機造成的一時停滯，而是結構性的長期趨勢？」

這個論點，應該會有以下反駁：「GDP 沒有計算非物質的無形資產，如今經濟已經大幅轉型為生產非物質價值的經濟，因此如果將非物質性的生產（Poduction）納入 GDP 結果應該會截然不同。」最近在各種場合都會聽到有人不厭其煩提出這個論點，對此，我也只能姑且說聲：你說的有道理。」但是我覺得針對這種「搶救 GDP 概念，還是需要下列三點的討論。

GDP是「具有任意性的數值」

第一點，不管怎麼修正，GDP終究是「具有任意性的數值」，不會改變。計算GDP不但要從眼花撩亂的眾多數據點中挑選，也總是免不了需要透過主觀判斷做出計算取捨。比方說迦納從二〇一〇年十一月五日到隔天的六日，GDP一夜成長了百分之六十，從「低所得國」躋身「中低所得國」之列。

會發生這種事，是因為GDP的計算無法與政治考量脫勾。在國際機構與金融機關中，低所得國與中低所得國能受到的經濟支援與利率優惠等級不同，所以為政者會考量「落在什麼區間更有利」，進而採取「政治調整」。

更進一步來說，各種約定俗成的計算方式也會讓數字有巨大落差。舉例來說，所有國家的GDP最後都會換算成美金，各國通貨換算成美金時，是以匯率換算或是用物價水準（購買力平價）換算，隨隨便便都可能有百分之十以上差距。如今日本為了GDP成長率百分之零點五的起伏就已人仰馬翻，但是GDP原就不是禁得起錙銖必較的硬數據（Hard Data），而是各國統計處根據「基本共識」任意統計的數值，簡單來說只是「一種意見」而已[11]。討論應該納入無形資產計算時，總有人說「現今的GDP沒有反應實情」，但是GDP本來就沒有所謂的「實情」。

這樣思考延伸，勢必會導向第二個論點：採納這個「新的計算方法」符合此刻我們大環境的需求嗎？

發明GDP的相關爭議

我們做量測的時候，勢必會存在一個「量測目的」，量血壓和體重是為了「保持健康」，調查水質與大氣的汙染程度是為了「保護環境」，那麼「將無形資產納入GDP計算」又是為了什麼目的？

追本溯源來說，美國一百年前左右受到經濟大蕭條的影響，整體社會和經濟狀況每天都在失控，為了掌握這個概況因此發明出了GDP。當時的美國總統胡佛（Herbert Clark Hoover）肩負著為大蕭條找解方的重責大任，但是他手邊只有股價或鐵料等生產財的價格，以及道路輸送量等零星數字，沒有更多數據作為擬定政策的參考基礎。國會為了因應這個局面，一九三二年聘請了俄裔美國人西蒙・庫茲涅茨[12]，委託他從「美國能夠生產多少東西」的觀點進行調查。數年後庫茲涅茨對國會提出的報告書中，出現了我們稱為GDP的雛形概念，所以當時是先有「測量目的」，然後才採用「測量用的指標」。

這裡請各位注意一下，GDP發明的一連串過程都是「先有問題，後有指標」。如今GDP相關的討論卻往往淪為「先有指標，後有問題」，我們的思考模式變成是先將算得出的數字作計算，再憑藉數字針砭問題。

但是如果所謂「問題」的定義是「理想狀態」與「目前狀態」之間的落差，採用現今GDP「新算法」思考這個問題，就會發現由於「理想狀態」不明，「問題的定義」也因此模糊，有種只想用數字比較好看的「指標」草率了事之感。

其實我們該做的不是「搶救GDP」，必須先討論「人類如何活得像人類」、「什麼樣的社會是更好的社會」，再來思考「怎麼測量才能評估目標達成的程度」。經濟學家與各路專家都很排斥討論這一類的議題，理由很簡單，因為這種抽象式哲學討論過程，無法展現自己身為專家的權威。

GDP 指標代表的意義

我們即將抵達「高原社會」，高原社會需要的，是得以與環境和自然永續共生的東西，但在這般社會，用來釐清「能夠生產多少物品」而發明的指標，卻依然被視為最重要的指標，以評估政治、經濟活動的優劣，實在讓人瞠目結舌。

物質匱乏問題尚嚴峻的時代，使用 GDP 評估「能夠生產多少物品」作為指標有其意義，但如同我前一節所言，已開發國家早已經解決掉物質匱乏的問題，若想在物質富裕的社會裡維持這種產能指標的高水準，勢必會帶動浪費與揮霍的風氣，形成以不斷丟東西為美德的社會，難道這是我們所期待的社會模樣？

約翰．高伯瑞[13]的《富裕的社會》（The Affluent Society）是一九五八年的全球暢銷書，書中提出一味追求經濟成長率這個單一指標有多危險，並認為在經濟成長之餘要兼顧醫療、教育和社福制度的強化。儘管半個世紀後，物質滿意度已達頂標，為什麼現況卻與高伯瑞說的完全相反，GDP 指標依然比其他指標更突出、更受到重視？恐怕是因為「沒有其他合適的目標了」。就像蒙田[14]曾經說的，「如果缺少正確的目標，人心就會轉向虛偽的目標」[15]，我們社會一直使用已過有效期限的指標，意謂著我們始終沒有好好描繪新的藍圖。

既然如此，此刻的我們要做的，就不是急著搶救GDP，而是反覆公開討論我們想打造什麼樣的社會、什麼樣的社會值得我們生活，再進一步思考使用何種指標，可以評估進度與達成程度。

重新設定新的價值觀與新的社會願景

最後我要指出的第三點是，未來我們還要以「小美國」為目標，不斷追在美國的屁股後面嗎？

如前文所述，GDP為美國所發明，不要忘記了，只要以這個指標評估國力，美國（表面上）就會一直立於不敗之地。美國原本是英國的殖民地，英國很熱門的足球、板球或橄欖球運動，為什麼在美國的接受度卻很低，反而是籃球、美式足球與棒球這種其他國家沒有的獨特運動，在美國蔚為流行呢？印度、紐西蘭與美國同樣曾為英國的殖民地，如今橄欖球和板球都還是他們的全民運動，仔細想想也滿神奇的。從這裡我們可以看出，美國建國以來一貫強烈的意圖，就是「絕對不以他國擅長的競技比輸贏」。美國的經濟分析局曾讚譽 GDP 是二十世紀最偉大的發明之一[16]，其實也不難想像，畢竟只要使用這個指標，美國就能繼續鞏固自己世界第一霸權國的地位。如今從製造業大幅轉型為資訊產業國的美國，也在主導「GDP 要納入非物質財（無形資產）」的討論。

這種討論背後的盤算如果是「這項指標以前用起來可以美化我們，可是現在卻讓我們的成長率越來越低迷，而且出現了急起直追的國家，因此我們想改採用另一套規則，鞏固自己的優勢地位」，我們自然會對這個提議心存懷疑吧。

第二次世界大戰戰敗後，超過半世紀的期間，我們國家孜孜不倦地跟在美國後面，如今我們真的還要繼續追下去嗎？撰寫本書的二〇二〇年五月，美國一位黑人男性喬治・佛洛伊德因警方的違法施暴而喪命，這個事件引發全美各地大規模暴動。種族問題和貧富差距分裂了美國的族群，如今他們連全民健保都做不完全，太平洋對岸的我們看在眼裡，應該沒有人真心覺得「這樣的社會很理想」吧。

第二次世界大戰後，我們站在被夷為平地的國土上煩惱「物質貧困」的問題，所以我可以理解，富裕繁榮的美國在當時為什麼會成為夢想的國度。然而就如我前面所說，既然我們已經解決了這個問題，是時候可以進入新的階段，重新設計取代經濟、物質的新價值觀與新社會願景，不要再追隨美國典範了。

成長率的全球性停滯

我前面指出七大工業國的經濟成長率處於中長期的低迷趨勢，並認為這是文明化結束必然的情況。

可能有人會批評說「只看已開發國家，而且只看五十年的趨勢，視野會不會太侷限」。目前的預測確實是認為未來的經濟成長會受到亞洲、非洲這些已開發國家之外的國家影響，因此只看已開發國家的趨勢就提出這樣的質疑或許言之過早。

我就先從 BRICs（原為金磚四國，現為金磚五國：巴西、俄羅斯、印度、中國、南非），被看好足以帶領 21 世紀全球經濟的巴西、俄羅斯、印度和中國四個國家的數值來看。BRICs 是高盛投資銀行的經濟學家吉姆．奧尼爾（Jim O'Neill）首次提出的，在他二〇〇一年十一月投

圖 7：從古代到 2100 年的全球 GDP 成長率變化

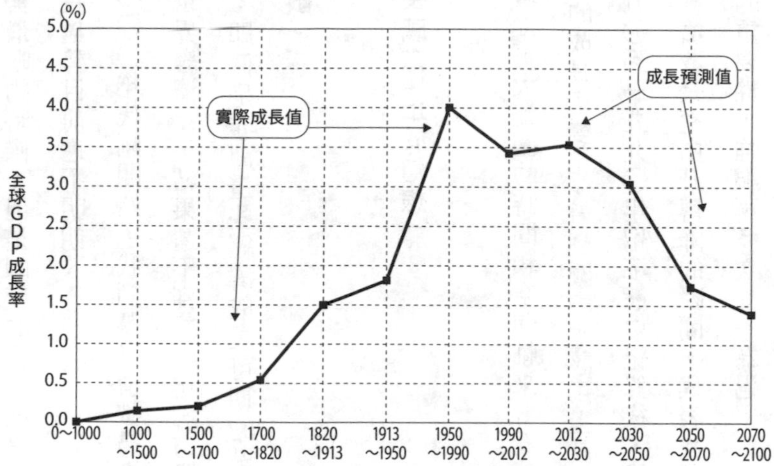

資人報告中首次講到「Building Better Global Economic BRICs」，後來在全球流行，可是最近已經完全不會聽到這個詞。

從結果來看，俄羅斯二〇〇〇年代的 GDP 成長率是百分之四點九三，確實高於七大工業國，可是他們二〇一〇年代的 GDP 成長率是百分之零點九一，急速落到與法國相同，與日本接近的水準。巴西情況相同，二〇〇〇年代的 GDP 成長率是百分之三點七一，二〇一〇年代就掉到百分之一點二一，與其他已開發國家差不多水準。

BRICs 之中，只剩印度的成長率能維

持在聲勢最旺的時候，但是印度的經濟成長也因為這次疫情大爆發而踩了煞車，能不能回到原本成長趨勢目前還不明朗。

二〇〇〇年代剛開始，我們還群情激昂喜迎新世紀的到來，BRICs 原本也被寄予厚望將「帶領世界經濟」，結果還不到二十年，這股氣勢就蕩然無存，這件事給了我們一個惡狠狠的教訓：即便是非洲這些經濟成長可期的區域，追趕（Catch Up）效應也製造不出多久的延長期限。

成長感「僅止於幻想」

接著從更大範圍的時間和空間軸來看看，請見圖 7，這張圖是從古代到二〇一〇年、全球 GDP 的成長率變化。看到圖表應該馬上就會知道，GDP 成長率從古代上升到二〇〇〇年，在一九五〇到一九九〇年留下歷史紀錄後，目前已進入下滑局勢，我們正好活在人類史上、第一次經濟成長率由升轉降的瞬間。代表我們生活的二十一世紀初其實是人類史的轉捩點，這件事的重要性，強調再多次都不為過。

我們傾向把過去父母世代經歷的高成長當作「正常的狀態」，不過這張圖表很清楚告訴我們，這種狀態其實是整個人類史上極其特別的例外。法國的經濟學家托瑪・皮凱提（Thomas Piketty）在全球暢銷作品《二十一世紀資本論》中，冷言說我們普遍認知的成長感「僅止於幻想」。

> 重點在於，歷史上沒有一個技術全球頂尖的國家，他們的人均 GDP 可以長期超過年率百分之一點五。從過去十年來看，最富裕國的成長率又再更低，一九九九年到二〇一二年，西歐的人均 GDP 成長率是百分之一點六，北美是百分之一點四，日本是百分之零點七。進行接下來討論的時候，請一定要把這個現實銘記在心，因為許多人都以為所謂的成長率，再低也應該有百分之三至四，就像我前面所說的，這件事無論在歷史上或理論上都僅止於幻想。
>
> 托瑪・皮凱提《二十一世紀資本論》

皮凱提自己在這本書中，針對未來的 GDP 成長率預測，他聲明「我也不清楚」，並指出「就過去兩個世紀的歷史來看，成長率超過百分之一點五的可能性極低」。再進一步來說我們還可以再注意一點，就是經濟學家和民間經濟學人的預測通常會偏高很多，實測值的落點在多數的情況都會在預測值下方[17]。

看完這些數值之後，更讓我體認到「對成長的信仰已經是一種宗教了」。

對成長的信仰無異於宗教

我在二〇一七年出版的著作《美意識：為什麼商界菁英都在培養美感？》中指出，商業的決策常常過於科學導向，這反而會矮化與弱化商業本身，我也指出在商業中找回人性本能的感受力與直覺有多重要，但是我覺得在認識經濟和社會學時，這種傾向很明顯被逆轉了。原因很簡單，因為「無限的成長」思維只是「不科學的幻想」。

如同皮凱提所說的，假設全球經濟未來以百分之二的「低迷趨勢」成長，全球經濟規模一百年後必須是現在的七倍，三百年後是三百七十倍，一千年後是三億九千萬倍。假設成長率提高到許多人期待的百分之四水準，一百年後是現在的四十九倍，三百年後是十二萬九千倍，一千年後是十京三千八百二十六兆倍，根本已沒有意義。現階段就連地球的資源、環境、自然問題都已經是很嚴峻的考驗了，連百分之二的成長都不切實際。

相信不科學的事情是一種信仰，意思就是，高聲疾呼「成長」的人們已經將「成長」當作某種宗教相信。美國的社會心理學家利昂．費斯汀格[18]提出了認知失調理論，他藉許多例證說明：「當自己的信念與事實不符的時候，比起『改變信念』，人類更願意『改變詮釋事實的方式』，固守信念。」宗教場合特別容易看到這種現象。費斯汀格潛入了邪教團體內部，發現儘管教祖預言的「UFO會來」、「大洪水會襲捲地球」都沒成真，信徒依然不改虔誠的信仰，他從他們身上得到靈感，提出了這個理論。

儘管如今「不斷借用精良新技術的力量，仍舊無法逆轉低迷的經濟成長率」此一事實就擺在眼前，依然會聽到歇斯底里的跳針反駁說「沒有算到非物質的無形資產」、「或許極限遲早會來，但不是現在」、「新技術可以突破成長的極限」、「非洲的經濟成長最終會帶領全球經濟」、「社群媒體這種免費服務的價值沒有算進GDP」，聽著、聽著，我不禁想到費斯汀格說的：「人類看到與自己信念不符的事實時，不會改變信念，而會試圖改變詮釋事實的方法。」

接著我們來看看與GDP有相當關聯的指標，勞動生產力。生產力就是各國GDP除以就業投入總工時，白話來說就是「勞動產生價值的效率」的指標。

在日本聽到有關勞動生產力的討論常常是「日本的勞動生產力在已開發國家中偏低，我們應該提升勞動生產力」。如果以特定時間點的圖表比較現階段已開發國家的勞動生產力，日本的生產力確實沒什麼值得說嘴的，結論也會是「工作要更有效率」，這一點我沒有異議。不過我在這裡想討論的是「各國勞動生產力上升率的變化」，也就是「疫情全球大流行前的大環境」。

既然GDP成長率低迷，生產力低迷也滿合理。不過從圖8可以發現，這裡也發生了「往高原軟著陸」的情況。七大工業國的勞動生產力上升率在一九六〇年達到顛峰之後，雖然經過短期的上下波動，但整體趨勢很明顯往下降。

圖 8：七大工業國的勞動生產力上升率變化

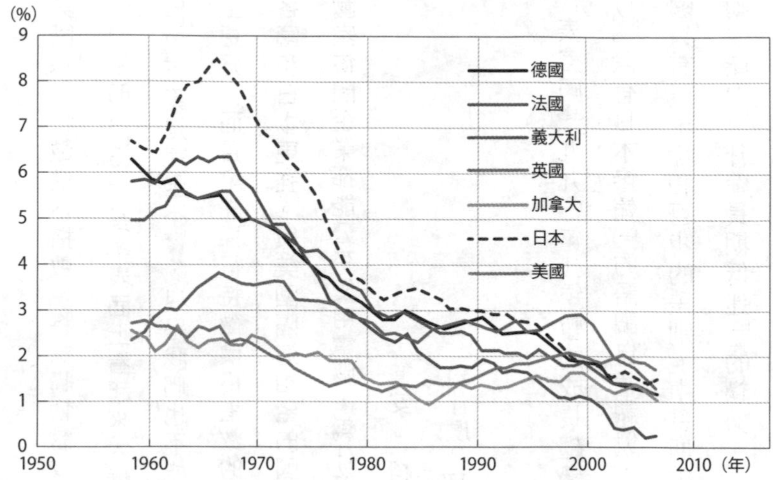

其中只有一個例外，就是一九九〇年代美國中期的勞動生產力上升。不過有一件事可以先知道，九〇年代末期，美國採用各式各樣「GDP計算法的操作」，讓過去幾年的GDP絕對值和成長率大幅提升，比方說美國採用的物價算法涵蓋了性能提升的電子機械類，藉此縮小通貨膨脹率，也就是「特徵價格（Hedonic Price）指數」，又比方說美國企業採購軟體的經費從「採購中間財（Intermediate Goods）」改為「設備投資」。

美國採行特徵價格指數、將採購軟體改爲投資經費後，一九九○年代後半到二○○○年代前半的GDP成長率表面上看起來大幅進步，不過由於全球經濟實際上也很景氣，這個GDP不算是完全不實，只是我們也不能否認，這些改變有可能讓美國經濟看起來比實際上更好。而且率先採行特徵價格指數的就是美國，因此美國經濟看起來確實就是比歐洲各國和日本更強。與美國隔海相望的國家，他們的經濟政策專員頭痛了起來，明明每個國家每間企業都能公平使用電腦，爲什麼電腦革命帶動的生產力上升效應只見於美國呢？

黛安．柯爾（Diane Coyle）《GDP的多情簡史：GDP到底是什麼？又是怎麼來的？爲什麼每個國家都愛GDP？》

這代表美國一九九○年代短暫的成長趨勢有一些地方值得存疑。談勞動生產力時，常常有人是以「只有日本慘輸」的語調自我調侃，這就是看了「特定時間點的圖表」做出的比較，其實各國只有五十步和百步的差別。中長期來看，可以清楚發現已開發國家都大同小異，處於「勞動生產力上升率長期低迷」的趨勢。

從「異常狀態」回到「正常狀態」

可是重新想想，不覺得這個數據很驚人嗎？一九六〇年代的通訊方法只有電話、電報和郵政，不要說傳真機了，連影印機和計算機都不存在。電影《阿波羅13號》的主題，是一九七〇年阿波羅13號升空後發生的意外，湯姆．漢克斯飾演的船長吉姆．洛維爾，在發生致命意外的太空船中重新計算軌道，他使用的計算工具是「鉛筆與橡皮擦」，受託進行驗算的工程師用的是計算尺。當時的計算機非常笨重也非常昂貴，就連日常業務需要做複雜數理計算的NASA也幾乎不會使用，他們仰賴蛋白質組成的通用計算機，也就是「大腦」。當時是「要什麼沒什麼」的時代，二〇〇〇年代是裝備了傳真機、影印機、手機、電子郵件、Messenger、語音會議系統、電腦、簡報軟體、試算表軟體等高科技的時代，竟然是後者的生產力上升率遠低於前者。

從一九九〇年代後半起，我們的職場上開始普遍使用網路相關的科技，感覺工作方式劇烈改變了，生產力應該也會大幅改善，但是看了實際的圖表後就會發現，這些技術幾乎沒有什麼扭轉乾坤的效果[19]。我們每天使用日新月異的科技，努力、努力、再努力，拚命提升勞動生產力，但是為什麼勞動生產力上升率還是長期偏低呢？

針對這個問題，西北大學經濟學教授羅伯特・戈登（Robert James Gordon）的回答是「上升率不是偏低，只是恢復正常而已」。戈登的論點是：「一九六〇年代的高生產力、高成長率絕對不是資本主義的常態，這反而是人類史上極為罕見、空前絕後的異常狀態」。意思就是，勞動生產力上升率並沒有「偏低」，而是「以前異常地高，現在只是漸漸恢復常態」。

我們的世界觀很大一部分反映的，是每個人的個人記憶和經驗，我們這個世代的世界觀形塑於「成長常態化的孩提時期」，或者「父母世代的印象與記憶」，因此我們很容易把「高成長率」視為常態，把現在這種「低成長」當作異常狀態。於是這二十年來我們做了很多白工，我們以為透過各種經濟政策與企業政策，才能讓異常狀態回歸正軌。但是戈登表示，從人類長達數萬年的歷史來看，二十世紀後半反而才是異常狀態，現在只是漸漸在恢復常態而已，這個論點與前面介紹過的托瑪・皮凱提的論點不謀而合。

現在有許多企業以高成長為目標，要內部員工消耗自己的身心奉獻工作，如果戈登和皮凱提的論點正確，這種做法等於是努力錯方向了，他們是讓漸漸恢復的常態重新變得異常。然而這種錯誤的努力只會帶來錯誤的成果，如果我們社會正在朝「正常狀態」軟著陸，我們的努力不該用在「回到異常狀態」，而該用在找回更豐饒、歡樂、生機盎然的「正常狀態」吧。

硬著陸的日本

接下來，我想重新回看57頁圖8裡的日本。日本之外的七大工業國，曲線都是平緩靠近地表的「軟著陸」，但是日本的情況卻是類似「緊急迫降」的「硬著陸」。

這是起因於日本社會的各種扞格和矛盾，我們現在採行的各種社會制度與平台都於一九五〇年代到一九六〇代誕生，當時的預設就是「日本會成長」。比方說「應屆畢業生一次雇用」、「以年資排序」或「終身雇用」這些聘用制度都預設社會會「無限成長」，這個預設顯然已與當今日本企業所處的大環境不符了，不過這些社會制度是一九五〇年代開始推行，當時理所當然認為「明年經濟的成長會是兩位數」。

許多人很常誤解，以為終身雇用、以年資排序這種人事制度是「日本企業傳統」，其實與事實不符。

「終身雇用」與「以年資排序」這些詞，是波士頓諮詢集團的第一任東京辦公室所長詹姆斯．阿貝格倫（James Abegglen），在其一九五八年出版的著作《日本的經營》（The Japanese Factory）才首次提到，可以說是「新詞」。從歷史的觀點來看，五十年前的美國人創造的用語根本不是什麼「日本企業的傳統」。意思就是，雖然「以年資排序」和「終身雇用」這種社會制度我們已經很熟悉了，但是如果從日本漫長的歷史來看，這都只是短時間內採行的極端特例。

如今我們社會的各種扞格與矛盾之所以大量浮上檯面，與其說是「低成長」本身造成，不如說是「預設經濟會成長的社會制度」與「漸漸朝高原軟著陸的現實社會」開始格格不入。「追求無限上升、成長、擴大」的壓力，從一八六八年的「漸漸趨緩的軟著陸自然引力」將我們社會撕成兩半，撕扯的力量引發了各種悲劇與混亂。

圖 9：全球人口與人口增加率的變化

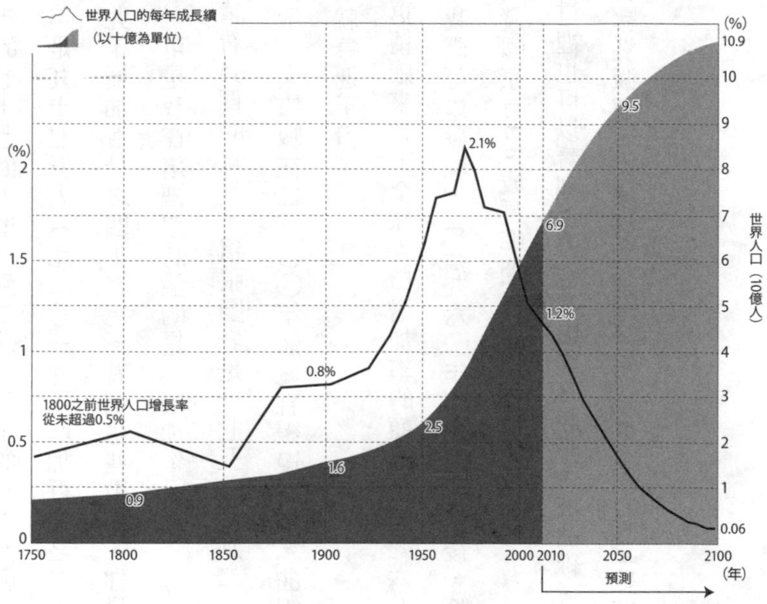

人口天花板

前面我提到在物質富裕、需求飽和的社會裡，GDP和勞動生產力都已經呈現「軟著陸」的狀態，這裡可能有人會反駁說「既然地球人口還會繼續成長，應該就會有新的需求產生」，這一題又是什麼情況呢？

我們來看看人口動態。大家都知道日本人口已經開始減少，我就先從全球人口的情況來討論。聯合國最新的數據（二〇一九年七月二日發表）預測，全球人口會從二〇一九年的七十七億人增加到二〇三〇年的八十五億人（比二〇一九年增加百分之十）；二〇五〇年是九十七億人（比二〇一九年增加百分之二十六）；二一〇〇年是一〇九億人（比二〇一九年增加百分之四十二）。看到這些數字，你是不是心想「什麼啦，以後還會繼續增加啊」，可是我在這裡想討論的是「增加率」。

請看63頁的圖9，這張圖表是一七五〇年到二一〇〇年人口數和人口增加率的變化。圖中顯示，人口數在二一〇〇年前一直緩慢增加，曲線平滑，但是增加率在一九六〇年走到顛峰後就急速下滑了。

更精確來說，全球人口增加率的顛峰是一九六七年，過了半個世紀，人口增加率一路下滑，我們可以發現，「一九六〇年代的顛峰之後，低迷了半個世紀」這個情況與前面提到的已開發國家GDP成長率圖表如出一轍。

這裡也可以看到本書常常出現的陡峭山坡曲線，從十八世紀開始上升，二十世紀達到顛峰後就驟然減速。大家都知道經濟規模需求的總量終究是取決於人口，既然人口成長率在五十

圖 10：邏輯曲線

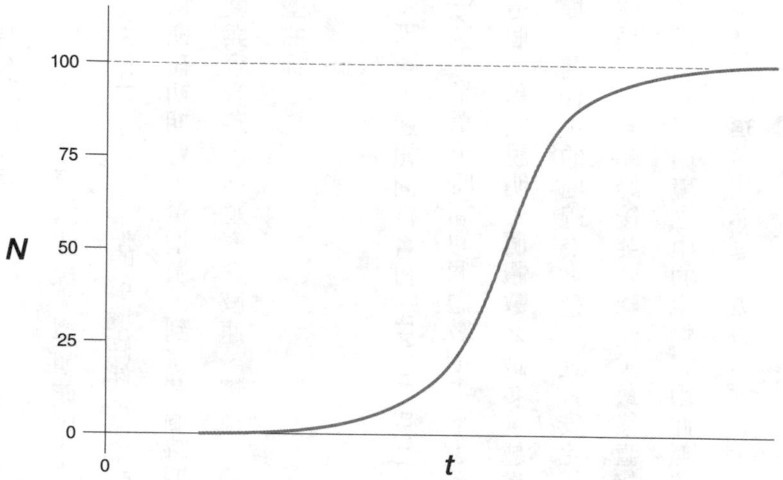

年前就已經過了顛峰，可以想見需求總量在不遠的將來也會是幾乎沒有增加的「定常狀態」。

邏輯曲線的啟示

前面我們討論了全球 GDP 與人口成長率，這兩項數字都已經過了顛峰時期，接下來的半世紀一直明顯呈現低迷、下降趨勢。那麼全球人口的預測準確度有多高呢？其實人口增加率非常難預測，某些國家與國際機關過去的預測都失準很多次[20]，不過許多研究機關和學者表示，全球人口的規模到了某個數量就是上限，接著勢必會進入定常狀態。

他們的根據就是邏輯曲線。邏輯函數是描述生物個體數變化情形的數學模型（Mathematical Model），在一定的環境條件，假設在孤立族群中，投入非常適應此處環境條件的物種，物種在初期會少量增殖，到了某個時期進入急速增殖期，等個體數漸漸達到環境可容許的密度與容量時，增殖率會減速、趨穩，接著進入安定平衡期。以圖表來呈現，就是圖10這種S型曲線。

具體來說，邏輯曲線會以［$dN/dt=rN(1-N/K)$］的微分方程式表示，N是個體數，t是時間，dN/dt是單位時間的個體數增加率，r是內在增長率，K是環境負荷量，r與K都是常數。這個方程式說明，個體數N越多，越靠近環境負荷量K，個體數的增加率就會越低。順帶一提，圖10中的曲線為增殖後進入安定平衡期，這是「成功存活的物種」呈現的曲線，某些物種是在達到顛峰後突然驟減，最後直接絕種，恐龍就是典型的例子。我們人類也是棲息於地球這個有限環境之中的生物，因此無法逃脫邏輯曲線的宿命[21]。

「全球化」這個用語從一九九〇年代開始在各地瘋狂被使用，但我真心覺得這個詞有點諷刺。Global的語源是Globe，也就是「球體」，球體沒有所謂的「邊界」，因此對於企圖在地表拓展領土的人來說，地球似乎是無邊無際、沒有限制的自由空間。

但是拓樸（Topological）卻是完全的密閉空間，「有限性」這個關鍵字就出現了。從大航海時代以來，世界各國為了開拓市場不斷擴大地理空間，他們努力數百年，卻導致再也沒有任何空間可以進軍的結果，這才確定了「封閉球體的有限性」這件事[22]。這也再次證明我們社會漸漸進入了「朝向高原軟著陸」的階段。

軸心時代(Axial Age)

我們透過「生活滿意度」、「GDP成長率」、「生產力提升率」和「人口增加率」四個指標，檢視了疫情前世界處於什麼樣的情境之中，接下來我想要綜觀這四個指標代表的情境，並看看會得到什麼啟示。

我想將前面所說的邏輯曲線對照人類歷史，用大一點的框架思考。請看68頁的圖11，這是以邏輯曲線對照人類史製作的圖表。這裡的人類史分成四個階段：「文明化以前的時

圖 11：將人類史併入邏輯曲線

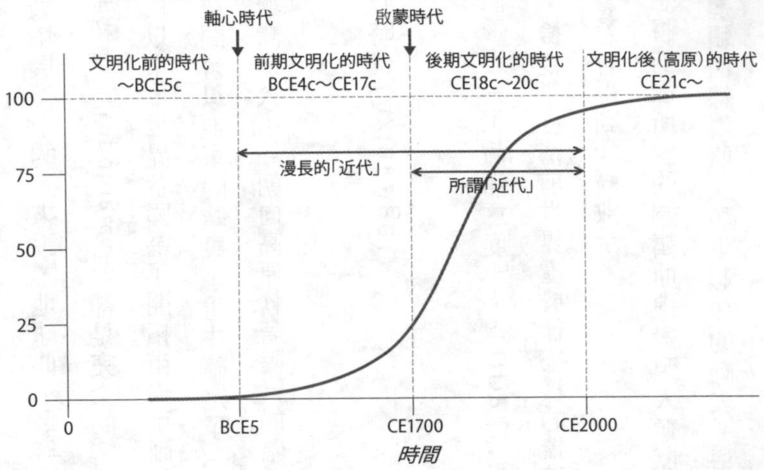

代」、「前期文明化的時代」、「後期文明化的時代」和「文明化以後（高原）的時代」。

「文明化以前的時代」是古代，當時還沒有出現或推行當今社會基礎的抽象制度與機制，比如說「貨幣」、「市場」、「宗教」。人類祖先在非洲誕生之後，經過數萬年文明化以前的時代，接著來到的轉捩點是「軸心時代」，這是人類面臨的「第一個轉捩點」。「軸心時代」是個滿陌生的用語，這是德國哲學家、精神科醫生卡爾．雅士培（Karl Jaspers）命名，他把西元前五世紀前後三百年之間，全球各地都在萌芽的思想史和文明史轉捩點稱作「軸心時代」。

這個時代到底發生了什麼事呢？

古希臘的蘇格拉底與柏拉圖種下了哲學的種子，印度出現《奧義書》和佛教，中東出現祆教[23]，中國出現諸子百家的儒家，巴勒斯坦出現基督教的基礎，古代猶太教。很不可思議，在短短五百年的期間，從西方的愛琴海到東方的中國，構成現在我們精神、思想、科學骨幹的概念同時在不同地方誕生，範圍可說是遍及全球。

一般來說歷史上所謂的「近代」指的是十六世紀文藝復興之後，從啟蒙時代到當代的這段時間，不過我認為「軸心時代」催生了「人文主義」、「理性主義」和「古典自由主義」，這些都被視為近代的特徵，因此我把這個時期視為「廣義近代的濫觴」。

其實仔細想想，文藝復興（Rinascimento）被認為是近代的濫觴，Rinascimento也是「重生、復興」的意思，意即讓軸心時代的「古希臘羅馬文化」重生、復興，因此兩者的核心精神自然也有其相通的地方。今天的我們可以用平常心閱讀古希臘哲學家柏拉圖留下的著作，不會感到格格不入，代表在「軸心時代」已經可以找到建構當代精神的一切基石。

活在文明化的尾聲

經過「軸心時代」，人類進入了「廣義的近代」，接著還要先經歷中世紀、啟蒙主義革命，以及啟蒙之後必然的結果工業革命之後，才會等到人口與文明的爆炸性成長。雖然軸心時代已經奠定了我們當代精神的基石，但是還要等兩千年左右的時間，科技才會急速改善人們實際的物質生活基礎。

一般認為第一次工業革命的開端是十八世紀後半，從這個時間點之後「文明化」急速進展，人類解決問題的能力爆炸性成長，食衣住行等物理環境也得到大幅改善，這個上升曲線一直延續到二十世紀後半。不過我前面也提過了，各種議題的上升曲線已經開始趨緩，因此我的假設是，以後的時代會變成定常狀態的「高原狀態」，然後「當下的狀態是無止無盡的幸福」，這個「當下」會不斷循環。

這是人類面臨的「第二個轉捩點」。

也就是說，我們在西元前五世紀經過了「第一個轉捩點」，在睽違兩千五百年之後，又來到了進入新模式的時期。如果以我開頭所寫的內容來描述，就是我們現在活在「文明化結束的時代」。而我猜測，二〇二〇年發生的全球疫情大流行，應該會加快我們進入高原狀態的腳步。

「大重置」的意義

各位都知道，二〇二〇年初，起源於中國武漢的新型冠狀病毒疫情在全球蔓延，撰寫本書的二〇二〇年九月，依然絲毫看不到疫情穩定平息的可能。雖然不知道疫情往後有什麼變化，不過目前已經發生許多社會性劇變，而且都是不可逆的變化，使我們的社會徹底改變。

我是世界經濟論壇其小組委員會的一員，他們在二〇二〇年六月發布，二〇二一年一月的年會主題是「The Great Reset（大重置）」。創辦世界經濟論壇的克勞斯・施瓦布（Klaus Schwab）主席針對「重置」的意義說明如下：

我們必須重新檢視全球社會經濟體系，二戰之後延續至今的體制無法包容立場不同的人，而且造成了環境的破壞，不但沒有永續性，也已經過時了。我們要重新思考一個以人們幸福爲核心的經濟。

原載於《日本經濟新聞》二〇二〇年六月三日

從頭讀到這裡的讀者，應該會深刻理解施瓦布的說明具有什麼意義。

這代表，全球大流行的疫情會推這個世界一把，讓本來就在朝高原軟著陸的世界更快著陸。施瓦布在這裡的用詞相當委婉，不過如果參照他過去的言論重新詮釋，他所謂「二戰之後延續至今的體制」，就是我前面多次提到的「預設我們會無限成長的體制」。

這個壓迫鞭策我們的體制要怎麼「重置」呢？施瓦布在這裡提出了「以人們幸福為核心的經濟」。

這句評論奇幻到讓人難以想像他是一個身經百戰的經濟人與經濟學博士，但是從他的願景中，可以看出我們社會正在邁向的不是「停滯的黑暗谷底」，而是「光明開放的高原」，充滿樂觀和希望。施瓦布又更具體地對記者這樣說：

記者：重置後的資本主義會何去何從？

施瓦布：資本主義這個描述已經不夠貼切，量化寬鬆造成貨幣氾濫，資本的意義已經被稀釋，如今能帶領我們成功的，是推動科技革新的創業家精神與才能，我反而想稱之爲「才能主義（Talentism）」。

疫情危機中，許多國家浮現出醫療體制不完善的問題，我們不該一味追求經濟發展，而是應該讓醫療與教育等等社會福利更加完善。在自由市場的基礎上，我們須要讓社會福利更完備的「社會市場經濟（Social Market Economy）」，政府也要更重視 ESG（環境、社會、公司治理）。

針對施瓦布所說的「資本主義這個描述已經不夠貼切了」，我再多做一些補充。「資本主義」是一種對「資本會無限增殖」的信仰[24]，施瓦布的意思就是，既然資本已經過剩，而且無法增殖了，也就無法持續這種信仰了。

「資本價值」和「時間價值」都歸零

近代之後，我們看慣了資本不斷增殖的上升曲線，可能很難馬上接受這個論點，不過施瓦布指出的「無法持續信奉資本主義」狀況，可以參考一個簡潔有力的指標，也就是利息。

各位讀者都很清楚，在疫情爆發前的階段，已開發國家的利息就已經跌到幾乎為零的水準了，利息跌到文明史上史無前例的低水準，這個情況意謂著什麼？我們重新來看看利息的定義。《大英百科全書》的「利息（Interest）」條目是這樣寫的：

> The price paid for the use of credit or money.[25]
>
> 信用或資本所值的價格。

定義相當簡單，利息就是「資本的價格」，意謂著利息趨近零，資本的價值也會消失；這就是施瓦布指出「資本的意義被稀釋」的真諦。

我們的社會制度是建立在「資本的價值會隨著時間增加」的前提之上，可是近代以來長年的常識已經漸漸不成立了，這是為什麼呢？

重點在於「時間」。既然「資本的未來價格等於利息」，代表「利息」與「時間」息息相關，時間讓「利息」的存在合理化，反過來說，「利息（資本價值）」歸零就代表「時間價值」也歸零。不對，邏輯顛倒了，實際發生的事是相反的。

是時間已經沒有價值了，利息才會貶值。為什麼時間沒有價值？因為我們社會已經抵達「高原」，無法期待時間為我們帶來上升、成長與擴大了。

「有夢最美，希望相隨」的幻想

這種「時間價值消失」的情況，顯示出我們正處於人類史上的轉捩點，人類史上的意識型態，常常帶有「為了更好的未來，把現在當作工具」這種思維。

舉例來說，各位都知道基督教有「最終審判」的觀念，在世界末日的時候，基督會降臨進行審判，並將所有人分成上天堂和下地獄的兩種，因此基督教教徒在每個當下都要活得虔誠又勤奮，這也可以視為是「為了更好的未來，把現在當作工具」的思維。順帶一提，「最終審判」不是基督教特有的觀念，祆教、猶太教和伊斯蘭教都有這樣的世界觀。

馬克思主義[26]則是認為，人類歷史就是一部「階級鬥爭的歷史」，勞工團結起來推翻資本家，出現了階級對立和統治都不存在的共產社會，此時歷史因而完成。馬克思否定宗教，因此有人以為馬克思主義與教典宗教水火不容，但是其實兩者的思考方式相當接近[27]。祆教與諾斯底主義[28]，都寫下了「在善與惡的最終戰爭之後，善統治的世界會來臨」的故事，把故事中的「善」換成「勞工」，「惡」換成資本家，「最終戰爭」換成「革命」，就可以直接寫出馬克思主義提倡的故事。

很多人都知道馬克思曾說過「宗教是民眾的鴉片」，也因此在俄國革命後，共產主義國家如蘇聯和中國都有很明確壓制宗教的政策意圖，可是馬克思主義與它所強烈否定的宗教提倡的故事卻有著相同框架，數十億之多的人民還深信不疑，這件事給了我們很大的啟發。我們人類其實很喜歡「只要現在努力，未來就會更美好」這種「有夢最美，希望相隨」的故事，反過來說，沒有這種美夢，我們也活不下去。然而此刻我們所面臨的，是已經沒有任何人能編造這類故事的世界。

我們的判斷依據、許多道德規範都是以「把現在當作通往未來的工具」的思考模式為前提，由於我們深信「歷史會進步，並朝向完美的未來邁進」、「明天會比今天更好」，這些道德規範才會合理。但是在「時間」消失之後，這些規範和價值觀所憑藉的也會跟著瓦解。

我們已經活在這麼富裕繁榮的世界裡了，社會上卻充斥了無以名狀的空虛感。如果我們的「歷史」已經落幕，「時間」已經消失，而且許多人都隱約都發現這件事了，人們在面對「為了實現未來，把現在當工具」的社會規範與價值觀時，當然會感到空虛。

結束成長的「高原狀態」社會

是什麼東西取代了資本呢？

施瓦布回答記者的是「從資本主義改為才能主義」，「才能」換句話說就是「個性」。此刻活在這個世上的人們都聽從自己的衝動、發揮自己的個性，才能讓社會變得更豐饒、更生機盎然，這樣的未來叫作「才能主義」。

在這裡我們得到了一個靈感，我們不必一味追求「經濟發展」，而是應該投入資源，投入人類擁有的才能與時間，實踐「更好的社會」。施瓦布在呼籲的就是：「不要再追求高原社會的高度了，讓這個高原社會邁向能讓我們幸福的地方吧。」我們現在需要的是「新的人類觀與社會觀」。

我前面也提過，我們日本人和已開發國家高度工業社會的人們，幾乎已經解決生存所需物質的匱乏問題。儘管近代之後，「無限成長、擴大、上升」的壓力持續鞭策我們的社會，但這股壓力如今已經漸漸消失，我們未來會活在全新的時代，在這個新時代，我們以前仰賴的各種規範，會逐一在我們眼前解體。

以為自己停留在近代延續至今的上升　物線之中、理所當然認為社會將無限成長下去的人，可能會覺得結束成長的「高原狀態」社會沒有刺激、已經停滯、沒有魅力，而這也是我們本質上必須面對的課題。

真正的問題不是「經濟沒有成長」，而是我們對一個社會的想像過於貧乏，不知道除了經濟之外還能讓什麼成長，更進一步來說，我們的心靈匱乏到「無法在經濟不成長的狀態中活得很富足」。建築師帕布羅．森德拉和社會學家理查．桑內特於《城市不服從》聯手合作，重新檢視《失序之用》裡「無秩序、不穩定、直接社交生活」的概念，並轉化成應用於實務的都市設計實驗。第一部中，理查．桑內特回顧當初受啟發寫作《失序之用》的脈絡，以及這本著作之於現代的意義。繼而桑內特進一步說明他的開放城市（Open City）提案，這套做法有助於解除規矩環境的僵化。本書的第二部，帕布羅．森德拉則會提出一些都市設計實驗／作，這些實驗足以瓦解過度有秩序的都市環境，並鼓勵公共空間被自由運用，促進社交互動。森德拉的提案絕非一套規範性的守則，而是針對設計提出建議，包括如何在尺度上更開放，實務上也更顧及集體。第三部則收錄帕布羅．森德拉和理查．桑內特的對談討論，由編輯里歐．賀利思（Leo Hollis）主持，反思《失序之用》在當代的涵義。

1 各種調查結果都指出，大約有七至八成的人回答「希望繼續維持在家工作」，以下是損害保險日本興亞調查結果的統整。https://www.sompojapan.co.jp/~/media/SJNK/files/news/2020/20200605_1.pdf

2 個人生活物質面：食衣住行等物質生活富裕。個人生活精神面：有活著的價值，過著心靈自在安穩的生活。社會生活物質面：住在環境完善、可以安全舒適生活的地區。社會生活精神面：居住地區或自己的職場、學校中，有很多可以談心、暢聊、相處起來很舒服的人。

3 Ezra Feivel Vogel（1930-），美國的社會學家，哈佛大學教授。1979年出版的《日本第一》為日本暢銷書，1993到1995年在中央情報局的東亞部門擔任國家情報官。（節錄、摘要、編輯自「維基百科」）

4 松下幸之助.com（https://konosuke-matsushita.com/column/quiz/no11.php）

5 Ronald F. Inglehart（1934-），美國的政治學家，密西根大學教授。因研究後物質主義社會和世界價值觀調查的政治意識而聞名。（節錄、摘要、編輯自「維基百科」）

6 羅納德．英格爾哈特著，《文化的進化論　人びとの価値観と行動が世界をつくりかえる》（Cultural Evolution），勁草書房出版，山崎聖子譯。

7 Friedrich Wilhelm Nietzsche（1844-1900），日耳曼邦聯普魯士王國的哲學家、古典文獻學者，存在主義的代表思想家之一。瑞士的巴塞爾大學器重他，讓他年紀輕輕就擔任古典文獻學教授，在當時算是很罕見的，但是他頭痛欲裂難以正常授課而辭去教職，後來一生以無國籍者、民間的業餘哲學家過活。著有《悲劇的誕生》、《查拉圖斯特拉如是說》、《權力意志》等書。（節錄、摘要、編輯自「維基百科」）

8 原載於 IMF 網站：https://www.imf.org/en/Publications/WEO/Issues/2020/06/24/WEOUpdate-June2020。GDP 是 Gross Damestic Product 的簡稱，中文為「國內生產毛額」，一般定義為「一定期間內，國內產出的附加價值總額」。

9 現在通常不講「七大工業國」，而會加上俄羅斯，成為「八大工業國」，不過俄羅斯只有 1990 年以後的數據，因此這裡沒有納入平均值計算。

10 Lawrence Henry Summers（1954-），美國的經濟學家、政治家。16 歲就進入麻省理工學院，28 歲就擔任哈佛大學教授，資質聰穎，早年就成名，曾是世界銀行的首席經濟師，表現相當亮眼。擔任過柯林頓政府第一任的美國財政部長（1999-2001），歐巴馬政府的國家經濟委員會（NEC）主任（2009-2010）等等。（節錄、摘要、編輯自「維基百科」）

11 如果希望各國的 GDP 比較較具意義，勢必要讓每個國家採用相同算法，如此將由誰決定採用何種計算方式？現行的依據，是聯合國研訂國民經濟會計制度的統計手冊。1953 年製作的初版手冊不到 50 頁，至 2020 年已經變成總共 700 頁的磚頭手冊，就連供一般人閱讀的解說手冊都有 400 頁。

12 Simon Smith Kuznets（1901-1985），1971 年獲得諾貝爾經濟學獎的美國經濟學家、統計學家。1954

年擔任美國經濟學會會長。他提出的觀點成為今天GDP的雛形，為計量經濟學帶來巨大變革。（節錄、摘要、編輯自「維基百科」）

13 John Kenneth Galbraith（1908-2006），加拿大經濟學家，哈佛大學名譽教授。20世紀最多人閱讀過其著作的經濟學家之一。哈佛大學的終身教授，1934到1975年授課期間，出版超過50部著作，論文超過1000篇，也輔佐過羅斯福、杜魯門、甘迺迪和詹森政府。（節錄、摘要、編輯自「維基百科」）

14 Michel Eyquem de Montaigne（1533-1592），16世紀文藝復興期法國的代表哲學家，道德主義者、懷疑論者、人文主義者。主要著作《隨筆集》對歐洲的人文主義帶來很大的影響。（節錄、摘要、編輯自「維基百科」）

15 原載於蒙田《隨筆集》。

16 J.Steven Landefeld, “GDP: One of the Great Invention of the 20th Century,” in Bureau of Economic Analysis, Survery of Current Business, January 2000, https://fraser.stlouisfed.org/files/docs/publications/SCB/pages/2000-2004/35260_2000-2004.pdf

17 https://www.rieti.go.jp/jp/publications/dp/19j058.pdf

18 Leon Festinger（1919-1989），美國的心理學家，在人稱「社會心理學之父」的庫爾特．勒溫任教的愛荷華大學就讀，並受到其影響。提出認知失調理論和社會比較理論。（節錄、摘要、編輯自「維基百科」）

19 另一方面，「要什麼沒什麼」也許可以當作提升生產力的動力，這個圖表的起點是1950年代後半，當時名列起點前三的是日本、德國和義大利。各位也知道這三國就是第二次世界大戰戰敗的軸心國，尤其德國和日本更是被夷為平地，遭受到徹底的破壞。在大破壞之後，如果要從「要什麼沒什麼」的狀態讓文明復甦，我們不難想像，這會很快地帶動高生產力的上升率。本書後面會再詳細論述，但是消費無異於破壞，如果消費帶來了新的需求，大破壞後順理成章會帶來高生產力的上升率。雖然本文中不會提到，不過透徹研究過近代消費觀的思想家喬治．巴塔耶、尚．布希亞、羅蘭．巴特等人都指出，單純「使用物品」只會帶來「緩慢的消耗」，但是如果想要推動經濟、帶動急速的需求成長，我們就會需要「破壞」。巴塔耶、布希亞和巴特都認為「破壞」就是「奢侈」在當代的真面目，也是種「模式」，軸心三國在戰後寫下的高生產力上升率紀錄，代表我們的經濟與「破壞」是天造地設的一組，「破壞」顧名思義就是「非生產性」、「非道德的」活動。

20 現今日本已經把「少子化」當作正常現象，但其他國家過去在預測少子化會造成多少人口減少時，卻總是大失準頭。舉例來說，20世紀英國初經歷過出生率大幅下降的時期，當時政府與研究機關假設了各種情境進行人口預測，他們做了17種人口預測，現在來看，其中14種都預測人口會減少因此完全失準，剩下3種預測人口增加，但是預測的增加數卻遠比實際數量少得多。英國20世紀初的案例以結果來說，實際人口增加的數量，遠比政府或智庫統整的17種預測都多。

除此之外，美國的出生率也在 1920 年代開始下降，持續下降到 1930 年代。為了因應這個現象，1935 年美國發表了人口預測，指出 1965 年美國人口會減少 2/3。這個案例讓人想到現在的日本，不過最後美國參加了第二次世界大戰，使得結婚率提升，連帶著出生率也大幅增加，1965 年人口不但沒有減少，反而掀起一波嬰兒潮。

21

比利時的數學家皮埃爾．弗朗索瓦．韋呂勒（Pierre-François Verhulst）認為，用邏輯曲線這個觀念，可以描述生物的興衰狀態，促使他產生這樣想法的歷程相當有趣。1798 年托馬斯．羅伯特．馬爾薩斯（Thomas Robert Malthus）發表了《人口論》，這本書雖然引來熱烈迴響，韋呂勒看了卻覺得不太對勁，於是他構思出這個模式，解決不自然的地方。各位都知道，馬爾薩斯在《人口論》指出，人口會以等比級數增加，糧食與資源卻只會以等差級數成長，資源不足勢必會導致結構性的貧窮，這就是「馬爾薩斯陷阱（Malthusian Trap）」。順帶一提，馬爾薩斯是相當激進的人，當有人提出「既然如此我們該怎麼辦」的疑問時，他只以「應該會有人因為糧食不足而餓死，但是這都是個人責任，沒辦法啊」打發掉，對於「因結構性糧食不足而飢餓的人該怎麼辦」的疑問，他大言不慚說：「這有助於自然淘汰，不要幫助他們。」當時的人道政治家好不容易推動「救貧法」上路，他也提議要撤銷法案。我想，我與這種人應該當不成朋友。

回歸正題，韋呂勒覺得馬爾薩斯的論述不對勁的地方，是「人口會無限增殖」這個假設。韋呂勒真心認為，就算理論上假設人口會呈等比級數成長，既然實際的環境和資源有限，人口增加到某個程度理應會踩煞車，這樣推論比較自然。他認為人口增加率會隨著人口增加而下降，人口會在某個程度就飽和，邏輯函數採取了這個觀點，將生物個體數的增殖公式化。

既然確定空間是有限的，剩下能擴大的就只有時間，但是在雷曼兄弟破產後，我們也知道時間的有限性了。雷曼兄弟破產的元兇是低所得層的房屋貸款，也就是次級貸款，這個金融商品的開發是來自「將未來的所得移轉到現在（擴大時間）」這個靈感。這個靈感來源是20世紀的典範——時間能帶來擴大、上升和成長——然而最後我們只發現，在空間無法擴大的世界裡，時間價值也會歸零。

22 既然確定空間是有限的，剩下能擴大的就只有時間了，但是在雷曼兄弟破產後，我們也明白時間的有限性。雷曼兄弟破產的元兇是低所得層的房屋貸款，也就是次級貸款，這個金融商品的開發是來自「將未來的所得移轉到現在（擴大時間）」這個靈感。這個靈感來源是20世紀的典範——時間能帶來擴大、上升和成長——然而最後我們只發現，在空間無法擴大的世界裡，時間價值也會歸零。

23 發源於古波斯的宗教，創始人是瑣羅亞斯德，經典是《阿維斯陀》，成立年代沒有定論，推測可能是西元前1200年到前7世紀。光明神阿胡拉．馬茲達是祆教的最高神祇，他們崇拜光明神象徵的火，因此又名拜火教。在祆教的世界觀中，世界有光明神和暗黑神（惡神）阿里曼，屬於二元論，世界末日會由救世主進行最終審判，影響了後來的猶太教和基督教等一神教。（節錄、摘要、編輯自「維基百科」）

24 很多人會把資本主義和市場經濟混為一談，不過看了資本主義的定義，就會知道這兩個用語其實是相反的意思。如果市場經濟的功能健全，就會成為企業利益長期歸零的「完全市場」。如果資本主義的本義是「以資本的無限增殖為目標」，應該不會樂見「利益歸零的完全市場」，反而會擬定條款，阻礙市場經濟的運作，妨礙市場達到平衡。歷史學家費爾南．布勞岱爾正好就說過：「市場經濟與資本主義是完全相反的概念。」

25 出處：大英百科（https://www.britannica.com/topic/interest-economics）

26 立基於馬克思與恩格斯論述的社會主義思想體系之一，為了與以往那種構思天真烏托邦社會的社會主義做對比，稱之為「科學的社會主義」。馬克思主義認為，只要資本變成社會的公共財，勞工就不必為了增加資本而活，可以為悲慘的僱傭勞動畫下句點，並邁向沒有階級的共產社會。（節錄、摘要、編輯自「維基百科」）

27 舉例來說，曾經擔任慶應義塾校長，也是現任上皇明仁於皇太子時期擔任其家教的小泉信三，曾批評馬克思主義是種宗教。他批判社會主義預設的「原始共產制會先導致階級分化，最終共產主義社會到來，階級對立就會消失」這種觀念，與基督教的千年王國說相同，是一種宗教信仰。

28 一世紀左右誕生，三到四世紀時在地中海世界勢力相當龐大的宗教、思想。諾斯底主義認為我們生存的世界是惡宇宙或者瘋狂世界，原初有一個真正至高無上的神創造了善宇宙，這是屬於「反宇宙二元論（Anti-cosmic Dualism）」。（節錄、摘要、編輯自「維基百科」）

第二章　我們要邁向何方？

在我們生存的時代，我們明明擁有許多可以實現理想的卓越能力，卻不知道該實現什麼理想；我們支配萬物，卻沒有支配自己；我們在自己的富饒之中無所適從，結果當代世界雖然擁有前所未有的資產、知識和技術，卻也是前所未有的不幸時代。

荷西・奧德嘉・賈塞特（*José Ortega y Gasset*）
《大眾的反叛（*The Revolt of the Masses*，暫譯）》

從經濟性轉向人性

前面已經用各種指標，指出我們社會漸漸進入了「朝向高原軟著陸」的階段，接下來我們又應該邁向何方？

我先直接講答案：

將「便利舒適的世界」轉型成「值得活的世界」。

一言以蔽之。換句話說，就是將社會從「以經濟性為動能」轉型成「以人性為動能」。

如果希望我們即將面臨的高原社會能夠柔軟、充滿愛與慰藉、生機盎然、感情豐沛，就一定要將經濟性轉換為人性。擺脫這一百年之間不斷鞭策我們社會的下列三項壓力，才能實現這個轉換。

「甘願用自然換取文明」的文明主義。

「甘願用現在換取未來」的未來主義。

「甘願用人性換取成長」的成長主義。

我們要邁向的「高原社會」面貌

我用具體一點的例子，來分解這個「高原社會」的面貌。我們在理解一個人想傳達什麼訊息時，看他否定了什麼，往往會比看他肯定了什麼更清楚。我希望在這裡能更明確傳達我的論點，因此除了「正向目標」，我也會指出「逆向目標」，接著再進入個別的討論。

正向目標	**逆向目標**
大型的北歐型社會民主主義[1]社會	小型的美國型市場原理主義社會
透過創新(Innovation)解決社會議題	透過創新追求經濟成長
透過企業活動創造文化價值	透過企業活動促進大量消費

這樣列出來之後，應該可以發現我主張的「高原社會」，與整體社會死命想走去的地方截然不同。但是老實說，我認為如果把社會繼續往前拉，最終就是從高原跌落地獄而已。跌落山崖之後，只有一小部分的人是經濟上的贏家，可以過著吃喝玩樂的生活，但是幾乎所有人都不知道人生或工作的意義何在，只能做一些類似「人工智慧奴隸」的工作，借用奧斯卡・王爾德[2]的話來說，就是「不是真正地活著，只是存在而已」。

科技新創是幻想

我先從整理常見的迷思開始好了。

在第一章，我用了各式各樣的數據，指出我們已經來到「成長的無意義化」這個局面，針對這個論點，常見的反駁如下：

1. 創新可以突破經濟成長的極限。

2. 行銷可以拖延需求飽和的時限。

這些論點僅讓人感覺「無法接受結束」這個事實，如果我們還是照這個方向搶救成長主義，我們社會只會越來越靠向反烏托邦。

然而遺憾的是，許多人以刪去法的思維，認為要脫離進退維谷的現況，只能從這兩條進路追求經濟的成長。因此我想先明確指出，這兩條進路都是不可能的選項。

1．創新可以突破經濟成長的極限。

先從這個很常見的反駁開始討論。

直接以結論來說，這個反駁實在荒謬。理由很簡單，這三十年來，網路世界的創新已經對我們的生活帶來如此激烈變化，卻依然無法突破經濟成長的極限。

前一章提過，已開發國家的 GDP 成長率在網路普及的一九九〇年代、智慧型手機普及的二〇〇〇年代和人工智慧普及的二〇一〇年代依然呈現明顯低迷趨勢，而且沒有任何好轉徵兆。網路和人工智慧世界的創新對人類帶來如此巨大的衝擊，卻依然無法扭轉明顯低迷的經濟成長率，那到底要有多驚天動地的創新才做得到呢？

如今全球充斥著「樂天派的幻想」，認為網際網路和人工智慧科技帶動了十九世紀的經濟，但其實根本沒有任何數據可以佐證這個觀點。得到諾貝爾經濟學獎的兩位經濟學家，阿比吉特．班納吉[3]與艾絲特．杜芙若[4]在最近的著作中表示：

> 臉書的執行長馬克．祖克柏相信網際網路的連結可以帶來無以計數的正面效應，這個信念獲得相當多人認同，許多報告和論文也反映出此類觀點。舉例來說，道爾伯格全球發展顧問公司(Dalberg)是專攻非洲等新興國家的策略顧問公司，他們發布的報告中，寫著：「網際網路無疑具有強大的力量，這股力量有助於非洲的經濟成長和社會變革。」不知道是否因爲這是個幾乎不證自明的事實，報告中才沒有引用任何數據，他們覺得沒必要援引例證去煩讀者。我只能說他們的判斷很明智，因爲這些數據並不存在，沒有任何證據能證明，網際網路在已開發國家中的出現帶來了新的成長。
>
> 阿比吉特．班納吉、艾絲特．杜芙若《艱困時代的經濟學思考》

我想請各位特別注意班納吉和杜芙若特別斬釘截鐵強調「沒有任何證據能證明」這點。

學者通常會謹慎避免鐵口直斷一個命題的結論，但是他們特地以「沒有任何」來強調，代表這個命題根本沒有質疑的空間。

美國是已開發國家中經濟成長率最高的國家，也是許多科技新創的發源地，因此很多人可能就貿然將兩者連結起來，認為「科技新創帶動了經濟成長」，不過就像班納吉和杜芙若說的，並沒有數據能證明兩者之間的關係。世界銀行發行的二〇一六年版《世界發展報告》中，非常模稜兩可地說「關於網際網路對經濟帶來的影響，目前還沒有定論」[5]，可是網際網路已經普及四分之一個世紀了，現在都還沒有定論，到底要等到什麼時候才會有？

「社會創新」至關重要

為什麼如此大規模的創新對 GDP 成長率卻沒有幫助呢？其中一個可能理由是：這些創新在本質上並沒有開創出「新的市場」，只是單純改變金錢在原有市場內部的流向。

這是我重視「社會創新」，並且對「商業創新」抱持否定態度的核心理由。這二十年社會上推動的多數創新活動，都是透過「在有利可圖的原有市場推行創新活動」，把市場變成

「少數人更有利可圖的市場」，不但未必有助於解決社會懸而未決的問題，反而是造成社會問題、擴大貧富差距的罪魁禍首。

GAFAM（Google、Apple、Facebook、Amazon、Microsoft）等企業創造了龐大的總市值，因此很多人便幻想大數據、深度學習等科技新創企業帶動整體社會的經濟成長，但是從個別企業來看，這些「巨大化」只是「局部的成長」。我們前面看過統計數據了，這些企業是二〇〇〇年代開始嶄露頭角，後來經濟成長率依然長期低迷，沒有起色。

重點在於「整體市場的大餅沒有變大」，這是第二次工業革命與現在第三次工業革命的最大差異。新創事業能開拓新的市場這一點我並不否認，但是這二十年即便祭出這麼多劃時代的科技新創依然無法扭轉經濟成長率的低迷曲線，這樣的事實讓我們不得不承認創新的效果其實不盡人意。

創新會擴大貧富差距

創新實際上沒有開拓什麼新市場，反而是因為省力化和機械化使得勞動需求減少、失業率上升、工資的差距變大，讓貧窮問題更加普遍。看個簡單的算式就會明白了。

假設總體需求是D，勞動生產力為P，總勞動力是L；在供需平衡、沒有失業的狀態時，

算式如下：

$$D=LP$$

如果此時出現了新創事業，效果包括「總需求的增加率＝e1」和「勞動生產力的上升率＝e2」，

而且前者的效果大於後者，也就是：

$$e1>e2$$

在這個情況下：

$$D(1+e1)>LP(1+e2)$$

如果希望左右式相等，就要提升「總勞動力L」，也就是新創事業製造了新的勞動需求。

反過來說，如果新創事業的效果是「勞動生產力的上升率」大於「總需求的增加」，也就是：

$$e1<e2$$

在這個情況下：

$$D（1+e1）<PL（1+e2）$$

如果希望左右式相等，就要減少「總勞動力L」。

這樣說也許太抽象不好理解，用車站的自動售票機、高速公路的ETC等這些近年的具體例子來說會比較清楚。車站設置了自動售票機，不代表通勤次數會變兩倍，高速公路的收費站變成ETC，也不代表旅遊次數會翻倍；意思就是，就算社會出現了新創事業，需求依然絲毫不會增加，GDP也不會增加。

無助於GDP的GAFAM服務

同樣的情形也可以套用在GAFAM上，舉例來說，Facebook的營收幾乎都是來自「廣告」，從最新的財報（二〇二〇年第一季）來看，總營收一百七十七億三千七百萬美元之中，廣告的營收就占了一百七十四億四千萬美元，幾乎所有的營收都是仰賴廣告[6]。

意思就是，這些企業的營收只是搶了電視、報紙、雜誌、廣播等既有媒體公司的生意，至少從GDP的觀點來看，他們對於市場規模的擴大可能沒有什麼幫助。

從實際的數據來看會更清楚，舉例來說，營收幾乎全靠廣告的YouTube和Facebook在進入日本市場前的二〇〇七年[7]，日本廣告市場規模的總額是七兆一百九十一億日元，在這些服務爆炸性普及之後，廣告市場有更蓬勃嗎？沒有，結果正好相反，二〇一八年的規模縮小百分之七，剩下六兆五千三百億日元。

這些服務確實滲透了我們社會，也大幅改變了我們的生活，但是從「它間接創造出多少經濟價值」這一點來思考，就會很難評價，畢竟廣告市場整體的規模不增反減。即便沒有這些服務存在，日本的廣告市場規模恐怕依然會持續留下同樣的紀錄。

創新造成失業，失業擴大貧富差距

這個論點或許會得到一些批評，說：「有些事情是超越數據的，比如說你也認為人際連結帶來的幸福感和充實感是二十一世紀的重要價值，這些價值的效果卻沒有列入計算。」這個問題相當棘手，我不想貿然給出一個答案，不過我在這裡先補充，許多實驗都在研究禁用Facebook這些社群媒體後會產生什麼變化，結果在幸福度、生活滿意度等各種項目的評價都提升了。這代表使用這些社群媒體，反而有損當事人的幸福度與生活滿意度[8]。

創新無助於經濟成長，也無法提升幸福度和生活滿意度，而且社會中的這些新創事業反而淘汰了一群人。以前那些車站剪票員小哥、高速公路收費員爺爺都去哪裡了？他們都沒工作了。而且很多時候工作越容易被機械化的人，在勞動市場越難得到高薪的工作機會，新創事業使他們每次失業就會從事條件更差的工作[9]，造成貧富差距的擴大。

尤其是美國這二十年左右一直在熱烈討論，不知道為什麼無論景氣好壞，都沒有遏止貧富差距的擴大，其中一個可能的理由就是創新帶來失業，失業造成貧富差距擴大。

社會瘋狂追求的新創只帶來「金流的轉向」，還造成失業和貧富差距的擴大，這反而讓我們反身自省，我們這麼賣命努力是為了什麼。

對此常常有人反駁說：「想想看過去發生的盧德運動[10]，自動織布機雖然讓工人失業，但是工業革命創造了新的工作，他們去從事這些工作不是變得更富裕了嗎。」但是一如前述，第一次、第二次工業革命發生的時代，世界上還有很多不安、不滿、不便的事物。在這樣的時代，失業人口也許能填補新興產業的勞動力，但是我在第一章也討論過，我們已經抵達文明化結束的高原，我們漸漸不再對生存的物質面有所不滿了。

創新在社會中的價值會因環境而有巨大差異，因此老實說，我覺得創新在當代的定位不太能與一百年前左右相提並論。

「經濟理性」外側的問題依然存在

現實社會中需要解決的問題明明還有一籮筐，為什麼新創事業已經在原地踏步了？新創事業想當然是在社會議題解決時得到實踐，意思是只要有社會議題存在，對於新創事業的需求應該也是無止盡的，此時我們會發現「經濟理性」是個關鍵字。

圖 12：「問題的普遍性」與「問題的難易度」的矩陣（之一）

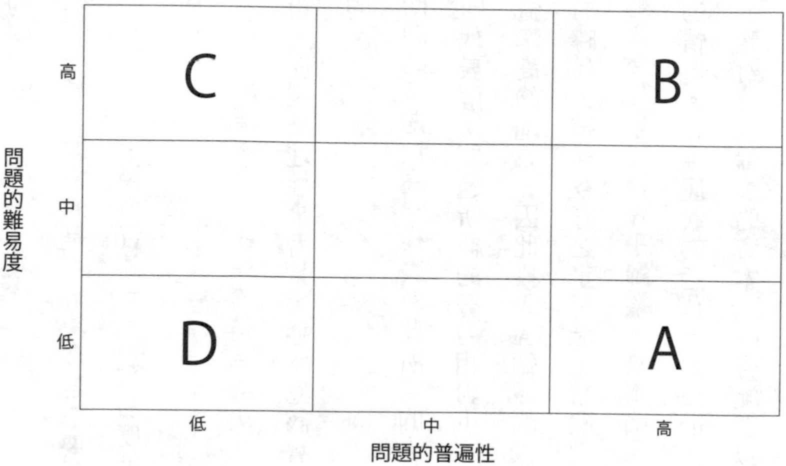

新創事業是在「經濟理性」和「技術理性」這兩項先決條件中尋找並解決問題的遊戲，社會已經進行這個遊戲幾百年了，但是我們必須承認我們的宿命就是，隨著時間過去，找出同時符合兩種理性的解答也越趨更困難。這裡我想討論一下「經濟理性的界線」要怎麼畫定。

請看圖12。我將社會問題整理成「普遍性」和「難易度」的矩陣，世上的所有問題都可以丟進這個矩陣分類，橫軸的普遍性指的是「為這個問題所苦的人數」，「普遍性高的問題」代表「很多人煩惱的問題」，「普遍性低的問題」代表「少數人煩惱的問題」。

而縱軸的難易度指的是「解決問題需要的資源數」，「難易度高的問題」代表「解決問題需要很多人、物、錢等資源」，「難易度低的問題」代表「解決問題只需要極少的人、物、錢等資源」。

如果商業經濟本質上的任務是「解決社會問題」，你們會從這個矩陣的哪一塊開始著手呢？沒錯，從經濟理性來考量，通常應該會從A區塊開始著手，因為這個領域的獲益率想必是最高的。

「問題的普遍性高」代表為此所苦的人是相對多數，顯示「市場很大」。而「問題的難易度低」代表解決問題所需的勞力相對少，顯示「投資少」。「水往低處流」，資本也會聚集在獲益率高的地方，因此投入A領域的人比其他領域的人更容易得到資本。在過去那個資本稀少的時代，這種多寡之差可能相當關鍵。

但是如今利息已經幾乎歸零，資本陷入了供給過剩的窘境，投資機會遇到瓶頸，這是史無前例的情形。在「廣義的近代」形成的兩千五百年間，資本總是相當稀少，因此資本主義和共產主義對於「稀少的資本」的分配要以誰為主體，有著很激烈的辯論。現在共產主義這個思想之所以會衰退，我覺得不是因為思想本身的魅力減少了，既然讓這個思想成立的先決條件是「資本的稀少」，而條件都不存在了，思想本身的意義也就被稀釋了，這應該是衰退的重大原因。

為什麼企業會巨大化？

回歸正題，如果多數人都選擇從事A區塊的工作，這個領域的問題最終就會得到解決。如前文所述，問題解決後，商業經濟遊戲也會結束，因此大家都要想辦法力挽狂瀾，此時該怎麼做呢？大部分人是以「擴大地理範圍」來「拖延」。結果呢？結果非常順利。

「擴大地理範圍」很適合套用在A領域的問題，因為「普遍性問題」就是「每個人的煩惱」，無論是美國商人擴大地理範圍到亞洲，或者亞洲商人擴大地理範圍到歐洲，都能順利被新市場的接受。

透過地理範圍的擴大，讓經濟爆炸性成長的正是我國日本。一九二六至一九八九昭和時代的後期，日本的主要輸出品是汽車與家電，這兩項都是解決「普遍性問題」的物品。「移動舒適，不會被雨淋濕」、「安全保存食物，食物不會壞」或「房間裡很舒適，不會太冷太熱」，這些渴望都是全球共通的。日本就是因為投入了「普遍性問題」，才會順利進軍海外。

我再補充一點，做這種領域的生意，關鍵在於規模。「普遍性問題」是所有人共通的煩惱，不分東西南北、男女老少、貧富差距，因此提出的解決方案也需要「所有人都能接受」。生產物品的規模效應極大，因此比起細緻地分化市場、因地制宜，不如研發同一套解決方案，以最大公約數解決普遍性問題狂銷全球，這會是比較合理的競爭策略。在汽車的世界這樣做的是第一代的福特T型車，日本的家電產業幾乎也都是貫徹這套兵法，成功進軍全世界。

當代社會有許多「員工數十萬人」、如恐龍般的巨型公司，歷史上這些企業是在十九世紀後半以後出現。史上第一個擁有超過萬人員工的公司，據說是一八七〇年創業的標準石油公司[11]，這代表以前的歷史上並沒有「數萬人的公司」存在。經營史家阿爾弗雷德・錢德勒（Alfred DuPont Chandler, Jr.）在著作《看得見的手》（The Visible Hand）中寫道：「進入一八八〇年代後，大企業急速增加。」

在這個十九世紀末的時期之所以會有大企業誕生並增生，原因從上述的說明應該就很清楚了。無論是地理因素或人口動態因素，如果要以低成本處理普遍性問題，規模勢必會是重要的競爭條件。想要經營地理範圍廣大的組織，就需要巨型的科層體制，科層建立在文書行政和權限畫分之上，削減成本又是強大的壓力，因此需要上游到下游暢通無阻的價值鏈。

想要跨出企業組織的界線建構這種體制，就會像羅納德・寇斯[12]指出的，「交易成本」、「探索成本」、「管理成本」會越來越多，不但非常沒有效率，還會造成「提供誰都買得起的價格」的策略窒礙難行。

這種大企業在當今的資本主義社會都是高手玩家，然而如果社會的需求從「普遍性高的問題」變成「普遍性低的問題」，問題本質又從「物質匱乏」變成「精神的飢渴」，許多大企業就會像恐龍一樣無法適應大環境，除了極少數幾間之外，大部分公司世人應該都不需要了。

另一方面，以後可能會有一波完全相反的趨勢是，我們會更需要小規模的團隊或組織，他們可以透過處理普遍性低的個別問題獲得需要的酬勞，又或者我們會需要一些個人或團體，他們可以滿足我們對多元精神價值的需求。

圖 13:「問題的普遍性」與「問題的難易度」的矩陣(之二)

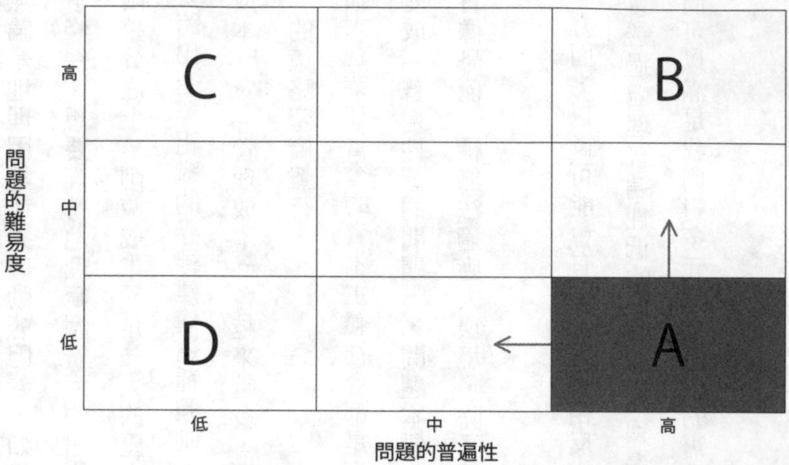

走到自由市場的極限

即便擴大地理範圍也擴大了A領域的市場，市場規模終究有其極限。

請見圖13。如前文所述，地球是個封閉的球體，地理範圍再擴大終究有其極限，既然A領域的問題已經幾乎解決，就需要著手其他的問題。此時可以選「難易度更高的問題」，走往B方向的領域，或者可以選「普遍性更低的問題」，走往D方向的領域，端看各家業者怎麼決定。

然而就基本的選擇邏輯來看，越大的企業就越有投資的餘力，也必然想追求更

圖 14：經濟理性極限曲線

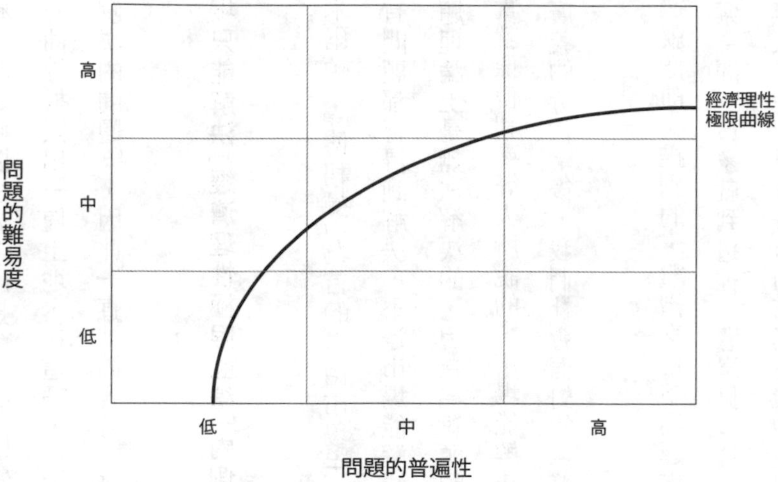

大的市場往B而去，規模不太大的業者就比較沒有投資的餘力，也不需要太大的市場，因此會進軍D方向，於是競爭策略就會更加多樣化。

在不斷進行「摸索與解決問題」的過程中，會得到一條在「解決問題需要的費用」與「解決問題得到的利益」之間取得平衡的極限曲線，畫出圖14的「經濟理性極限曲線」。

往曲線上方走，會走到「問題太難，投資無法回本」的極限，往左側會走到「解決問題的獲益太小，投資無法回本」的極限。

也就是說這條曲線表示的是內側的問題市場會解決，外側的問題理論上都還沒有人處理。這條曲線框限出一塊土地，在這裡，資本主義可以解決所有問題，而曲線外側都被視為「無法解決的問題」，因此一直被擱置著，無人處理。

市場只能解決「經濟理性極限曲線」內側的問題

以米爾頓．傅利曼[13]為首的自由市場主義者都認為，政府不必多管閒事，只要交給市場，所有問題都會得到解決，不過市場能解決的只有經濟理性極限曲線內側的社會議題，外側的議題理論上是無法解決的，因為「殺頭的生意有人做，賠錢的生意沒人做」。

確實就像傅利曼等人所說的，市場能解決的問題，市場會以最高效率來解決。實際上在經過「廣義的近代」後，我們社會面對的「普遍性高的問題」幾乎已經全都透過市場的運作解決。

不過就像前文提到的，繼續交給市場運作總會走到「經濟理性極限曲線」的懸崖，「議題的探索空間」最多就到這裡，懸崖另一端「普遍性低的問題」或「難易度高的問題」就被擱置著無人處理。這就是自由市場主義的極限。

罕見的問題有辦法解決嗎？

這樣講很抽象，可能很難代入想像，因此我來舉些具體的例子。

我在第一章提出的論點是，我們幾乎已經將讓人活得安全舒適的物質基礎打造完成了，我特地講「幾乎」是因為還有人是被排除在外的。

根據國立社會保障與人口問題研究所二〇一七年的調查，共有百分之十三點六的家庭「過去一年內曾因為經濟拮据而無法購買食品」[14]。每天的三餐溫飽應該是第一優先的「物質基礎」，但卻有人因為經濟因素無法滿足這樣的需求。想到當事人日子過得有多不安，我就真的很於心不忍。

「兒少貧困」的問題也一樣，各位知道現在日本的兒少貧窮率是經濟合作暨發展組織（OECD）成員國中表現最差的，而且還很明顯在惡化中嗎？兒少的相對貧窮率從一九八五年的百分之十點九到二〇一五年惡化成百分之十三點九[15]。我們好歹也自詡是民主主義國家，但這種問題卻一直在惡化，而且多數人對此還漠不關心，實在是非常丟臉。

除此之外，「罕見疾病」也可以視為「經濟理性極限曲線外側的問題」。罕見疾病就是「極少人罹患的疾病」，日本的明文定義是「不滿五萬人」。癌症患者每年大約有一百萬人，代表罕見疾病患者不及癌症患者的二十分之一。在一億人口的國家只有不到五萬的患者，代表出現率不到百分之零點零五，相當於前述矩陣中「普遍性低的問題」。這意謂著就算處理這個問題，很有可能也無法得到股東期待的龐大營收或利益。

而且研發重大傷病的治療法或特效藥向來是「難易度極高的問題」，不但投資額可觀，也不保證研發會成功，可見這是「可預期的營收很少，需要的投資很龐大，而且不確定性因素很多」的活動。

在當代社會體制之中如果要著手這種活動，通常不會得到大筆的預算，因為股東權益非常排斥不確定性。結果這種問題就會位於「經濟理性極限曲線的外側」，活在資本主義社會的人們只能站在「經濟理性國土的懸崖」，眺望遙遠海上巨大的「問題之島」。

但是重大傷病對於當事人與家屬是迫切的問題，足以左右他們的人生，就社會道義來說，我們不能因為「普遍性低」、「難易度高」就擱置不管。每個人的「生命」尊嚴都不容侵犯，不管是多罕見多難以治療的疾病，我們社會本來就不該袖手旁觀。

既然如此該怎麼辦？這種問題落在「經濟理性極限曲線」的外側，交給自由市場也解決不了。

「人的條件」是什麼？

從本書開頭到現在，我們看到文明社會透過自由市場和科技的力量，成功解決了許多問題。但是反過來說，現階段依然沒有解決的嚴重問題都位於「經濟理性極限曲線」的外側，透過當代社會體制大多無法解決。

科技新創正是為了將「經濟理性極限曲線」往外拓展而進行的，但是圖12和頁圖13的矩陣中D領域的問題，這些問題單憑經濟理性解決不了，一直延續到了現在。更何況我們也不能雙手一攤就想打發掉這些問題，日本好歹是自詡為民主主義的國家，如果這種切身的問題一直沒有解決，需要負責的不是為政者，而是我們自己，這件事請各位銘記在心。

法國文學家兼飛行員的安東尼・聖修伯里（Antoine de Saint-Exupéry）在著作《人類的大地》這樣說：

所謂的人類，就是有責任感的意思，看到面前發生了與你無關的慘事時，你要引以爲恥，夥伴帶來的勝利，你要引以爲傲，在擺放自己的石頭時，要感覺自己是在爲建設世界貢獻一己之力。

安東尼．聖修伯里《人類的大地》

聖修伯里在講「人的條件」時，舉了「看到面前發生了與你無關的慘事時，你要引以為恥」這個例子。如果我們以「經濟理性」為由，無可奈何擱置了社會上的貧富差距、貧窮與虐待，無視這些「慘事」，代表我們根本不是具有人性的生物，也不是人類。一想到當今日本社會的各種慘事，我就覺得這個譴責真是刺耳。

動力的來源是「人性本能的衝動」

從前面的討論，可以導出下面兩個結論。

第一個結論，如果仰賴自由市場，永遠都無法解決「經濟理性極限曲線」外側的問題。

我們活在資本主義的社會，這個社會認為金錢酬勞才是動力的來源，但是金錢酬勞無法激發動力，讓人去解決「經濟理性極限曲線」外側的問題。意思就是，當代世界依然存在「罕見又難以解決的問題」，這些問題只能靠經濟理性之外的其他動力解決了。這一點我會另外花一些篇幅詳細論證，不過我認為這種動力的來源只會是「人性本能的衝動」。

「衝動」是一種「非做不可」的強烈情感，如果有些問題在計較得失利益後會做不下去，解決這種問題就需要超越經濟理性的「衝動」。當代社會許多根深蒂固的問題，都只能仰賴以衝動驅使自己的人才能解決。

你是不是覺得「咦咦咦？在理性的資本主義時代竟然要仰賴『衝動』嗎」？不過我反而認為我們可以重新思考一下，這種衝動已經成為讓近代資本主義離陸的引擎了。過去凱因斯（John Maynard Keynes）將十九世紀末到二〇世紀初驅動新興資本主義的精神，命名為「動物本能（Animal spirits）」。

除了投機帶來的不穩定性，還有人性特質造成的不穩定性，我們積極性的活動大部分都是道德、愉快或經濟性的，這些不穩定性的產生不是因為區區數學的期待值，而是因為受到油然而生的樂觀所影響。有些事情即便要經過好幾天才有成果，你還是會決定積極投入，這樣的決心大部分應該是出於純然的衝動（動物本能），比起不活動，人類更會受到活動所驅使，這樣的決心是人類本能的衝動帶來的，不是量化的利益與量化的機率加權平均的結果。

凱因斯《就業、利息和貨幣通論》

凱因斯這裡所說的「量化的利益與量化的機率加權平均的結果」，指的是分析「經濟理性的極限」後計算出來的，他說驅動經濟活動的，並不是經過驗證的經濟理性。

反過來說，現在的企業在評估新事業的過程中，就是要小心翼翼討論「量化的利益與量化的機率加權平均的結果」，因此我們可以說「經濟理性極限曲線」外側的議題理所當然不會得到任何解決。

「資本主義終究會自取滅亡」的預測

有「創新論的始祖」之稱的經濟學家約瑟夫・熊彼得（Joseph Alois Schumpeter）也提出了同樣的想法。一九三六年一月，熊彼得在美國的農業部進行演講，主題是帶有濃厚挑釁意味的「資本主義有可能苟活下去嗎」，演講一開始他就明確說出自己的看法：「各位先生女士，答案是否定的。」熊彼得提倡以創新推動經濟，還提出許多至今依然膾炙人口的概念，如新組合（New combination）等等，但是他自己卻說「資本主義終究會自取滅亡」。

為什麼熊彼得認為「資本主義會自取滅亡」？他自己舉的理由是「戴歐尼修斯型的創業家精神式微」。戴歐尼修斯是希臘神話中象徵「創造與陶醉」的神，這個比喻有其所本，熊彼得應該知道尼采著作《悲劇的誕生》中有「阿波羅型」與「戴歐尼修斯型」的對比，因此借用了這個詞。

尼采著作中的「阿波羅型」指的是「對於形式與秩序的偏好」，相對來說「戴歐尼修斯型」是「對於陶醉且創造性行為的衝動」。這代表熊彼得和凱因斯一樣，他預言「我們仰賴理性和秩序的計算，只以賺錢為目標，失去了人性本能的衝動，因此資本主義會滅亡」。

以「資本的無限增殖」為目標的資本主義，因為「人性本能的衝動」，變成「以理性賺錢為目標」，最後自取滅亡，這個觀點真是無比諷刺，不過他們的預言具有很重要啟示，值得我們深思。

在社會中推行「贈與制度」之必要

接著我的第二個結論是，想要以衝動為動力的經濟活動持續不斷，我們社會就需要推行「贈與制度」。一個問題如果位於「經濟理性極限曲線」的外側，代表只要我們還仰賴目前的貨幣經濟制度，仰賴「負責解決問題的人」與「希望問題得到解決的人」之間封閉的貨幣交換機制，問題就永遠無法解決，於是需要「第三者的贈與」介入。

「贈與」是個比較陌生的詞，我解釋得更具體一點：對一般人來說贈與就是「捐贈」、「支援」、「志工」之類的活動，就政策來說，指的是無條件基本收入（由國家支付人民所需現金的制度，讓人民過上有文化且健康的生活）等等的經濟安全網。

或許有人會覺得我以「贈與」指稱無條件基本收入有點奇怪，不過如果贈與的定義是「不求任何回報的贈送」，無條件基本收入的特色也是「不設下任何條件的贈送」，和贈與不謀而合。

不過即便我說「贈與可以實現經濟理性極限曲線外側的創新」，可能還是滿難想像的，我舉個實例。Linux 的開發就是近年「無償的贈與」開花結果的企畫之一，現在 Linux 在超級電腦和智慧型手機的作業系統市占率很高，最初是赫爾辛基大學的學生林納斯．托瓦茲[16]，他想自行開發類 UNIX 的作業系統，於是開始寫起程式。

這個故事展現出了非常北歐人的思維，托瓦茲宣布放棄智慧財產權，並且公開開發中的程式，表示「歡迎任何人修改」。結果最後全球總共有上萬名程式設計師無償協助這個企畫，讓 Linux 成為完成度非常高的作業系統，不過最值得驚訝的是「無償的勞動力」有多龐大。

二〇〇七年釋出第四版的 Linux，總共有兩億八千三百萬行原始碼，如果用一般的方式開發同樣的程式，預估需要耗費每個月三萬六千人，總金額八十億美元[17]。如果一開始就在「經濟理性的框架內」進行，恐怕是開發不出來的吧，也就是說 Linux 是仰賴龐大的「知識的贈與」、「能力的贈與」和「時間的贈與」才能成立。

獲得高昂的精神酬勞

被資本主義、自由市場洗腦的我們，面對需要一兆投資才能解決的問題，會很理所當然認為這是大企業或政府的工作，也認為必須要有足夠的利益或效果讓投資回本。

但是Linux的開發企畫告訴我們，只要讓人們產生共鳴與衝動，就能從社會中吸引到解決問題、創造智慧財產的龐大資源，這些資源在勞動市場籌措起來可能動輒數千億日元。

Linux開發的緣由也給我們一個啟示，在物質滿意度已經高到一定水準的高原社會中，在勞動中發揮運用知識、技能和創造力所產生的「樂趣」，可能會是最重要的酬勞。

Linux的開發者幾乎都很忙碌，是任職於IBM、英特爾等企業的專家，為什麼他們願意無償「贈與」自己的知識、技能和時間呢？原因單純就是「因為很開心」。我想說的是，從經濟酬勞來看，Linux的開發者或許是「無償」付出，但實際上他們從「勞動本身」就獲得了高額的精神酬勞。用我在本書開頭的詞來描述，對Linux的開發者來說，這不是為了獲得經濟酬勞不得不為的Instrumental工作，從事這份工作本身就是酬勞，這是自我成就的Consummatory活動。

工作本身就很快樂

漢娜．鄂蘭在《人的條件》中將一般的「工作」分成三種：「勞動，獲取生存所需的糧食與日用品」、「工作，打造舒適生活所需的基礎」、「行動，參與健全社會的建構與運作」，而我在第一章也說過，我們社會已經漸漸從勞動和工作中解脫了。在高原社會中，我們剩下的任務只有最後一項的「行動」。行動不是「能躲就躲、艱辛又痛苦的勞役」，行動比較接近運動或娛樂活動，行動本身應該就有極大的樂趣。

反過來說，行動在高原社會裡可以充分讓人揮灑知識、技能和創造力，行動會是一種可以在勞動市場交易的商品。「有趣的工作」是一種「可以購買」的商品，這想必會成為人類史上的轉捩點。

有一個思想家很驚人，他在超過一百年前，就預言資本主義走到盡頭之後，我們的社會會是「勞動的喜悅本身就是回饋」，他就是卡爾．馬克思。馬克思預言，資本主義讓文明化達到一定水準，在這種社會裡，勞動已經不是苦差事，而是一種表現活動，讓每個人都能充分展現自己實際的存在意義。

但是資本不厭其煩努力追求財富的一般型態，並且驅使人的勞動超出自然必然性的極限，藉此創造出各種物質要素，讓人發展豐富的個體性（Reiche Individualität）。豐富的個體性在消費和生產上都很全面，因此這些勞動已經不再是勞動，而是得到充分發展的活動（Thätigkeit），而且這樣的活動中，不會有自然的欲求，取而代之的是歷史催生出的欲求，因此採取直接型態的自然必然性會消滅。

馬克思、恩格斯《馬克思恩格斯全集》（Marx Engels Gesamtausgabe）

馬克思談過「勞動使人性異化」，因此可能有人會誤以為馬克思對於勞動抱持否定的看法。馬克思認為勞動不只是原始的「為了生存而工作」，它有更豐富的意義，對於人類來說是種本質性的活動。這一段的節錄艱澀難懂，文字非常有馬克思的風格，他說的「活動（Thätigkeit）」不是被資本驅使而強制進行的「勞動（Arbeit）」，他指的是活動本身就很快樂的那種活動。

如今共產主義制度已經幾乎瓦解，馬克思主義的思想也已經告終，不過馬克思對「資本主義以後的世界」的觀察，給了現在的我們各種切入討論的角度。

馬克思認為的「資本主義以後的世界」是，文明化讓生產力非常充足，資本必然也就幾乎創造不出什麼利益，在這樣的社會裡，勞動之必要性與必然性會消滅，具有多元豐富個性的個體，會基於自由意志自發性地從事「勞動（活動）」，打造出理想的社會。

如果想要促進這種「活動」，推行無條件基本收入這類的經濟安全網會是關鍵。為什麼有那麼多人願意無償參與 Linux 的開發？答案很簡單，因為他們在 IBM、惠普、視算科技、英特爾等名聞遐邇的公司是全職員工，可以獲得穩定且足夠的經濟酬勞。有了穩定的經濟來源，他們才能為「玩樂」投入這麼多知識、技能和時間。

社會願景大轉向，看向社會民主主義的時刻

自由市場透過經濟理性解決了以前社會上存在的大多數問題，因此當代社會只剩下「經濟理性極限曲線」外側的問題了。在處理這些問題時，我認為需要有超越經濟理性的動力，不過既然是位於經濟理性極限曲線的外側，處理這些問題的人或組織，必然需要背負偌大的

不確定性與風險。如果這些人出於「衝動」著手處理這些問題時並不順利，在失敗之後一個個經濟都出了問題，以後就再也不會有人衝動進行這些活動了。我們需要一個沒有人需要擔心經濟出問題的社會安全網，讓每個人都能聽從自己的衝動，解決經濟理性極限曲線外側的問題。

在經過這一連串的思考之後，我們勢必會得到一個結論：雖然我們過去仰賴的是新自由主義和市場萬能主義，但是現在必須朝更為社會民主主義的方向前進，才能解決未來依然存在於高原社會的「罕見且重大的問題」。

如前文所述，在社會上還有許多物質問題的時代，自由市場可以很有效率地幫忙解決這些問題，然而當代社會剩下的大多數問題，已經無法單憑經濟理性解決了。

我們非常需要完善的社會基礎，讓可以輕易跨越經濟理性門檻的人才不會受到不合理的損失，與此同時，我們的社會願景也應該大轉向，從美國代表的新自由主義、市場萬能主義，轉向類似北歐型的社會民主主義。

人為問題製造機——行銷

進一步說，成長的社會在更深層的意義上可以說是與豐饒的社會正好相反，這種社會在生產財富之前生產了特權，特權與貧窮之間存在社會學上規範的必然函數。不管在什麼社會，貧窮始終伴隨著特權存在，這兩者在結構上是密不可分的，因此從社會學理論反過來說，可以將成長定義為結構性貧窮的重新生產。

尚．布希亞《消費社會》(La société de consommation)

我在第一章提出「成長的極限」，對這個觀點的第一項反駁是「創新可以突破成長的極限」，因此我前面花了一些篇幅進行我的論述，接下來是第二項反駁：

2．行銷可以拖延需求飽和的時限。

接著就來討論這個主張。

物質需求的不滿得到解決是值得全人類慶賀的一樁喜事，但是這在某些地方產生了棘手的問題。如前文所述，商業經濟通常都是建立在「發現問題」和「解決問題」的組合之上，因此要是「問題」消失了，以解決問題為生的人就沒有工作了。

這樣一來，很自然地出現了一種想法：「能不能人為製造問題？」我們對知足常樂的人鼓吹說「這樣還不夠吧」，讓他們產生枯竭、匱乏感，這樣就能製造新的問題，拖延「遊戲結束」的時間。這就是行銷的本質。

經營思想家彼得．杜拉克（Peter Ferdinand Drucker）認為企業的目的只有一個，就是「創造顧客」，而且他斬釘截鐵說這項活動要有「行銷」與「創新」的輔助。他的這些論述本來就廣為人知，如果與我前述的「開發問題」和「解決問題」一起思考，會發現這其實是同一件事。「開發問題」是行銷，「解決問題」是創新。

行銷這個詞是二〇世紀初出現的，不過大概要到一九六〇到七〇年代才漸漸演變成我們現在使用的概念。如今經濟學系所的行銷課上必備的教科書還是菲利普．科特勒（Philip Kotler）的《行銷管理》，這本書的初版一九六七年在美國出版。

看到一九六七年一定會覺得這是個很神奇的符號，在當時就算無所作為，社會也會逐一將「希望被解決的問題」丟過來，因此沒有行銷的必要。行銷成為了社會所需的系統性技能，這代表業者如果不自行開發問題，就無法製造出新的需求。

本書在第一章透過各種指標說明我們的世界已經漸漸進入「往高原軟著陸」的階段，現在請各位回想一下，經濟與人口成長率從十八世紀開始維持了兩百年，到一九六〇年代後半才開始趨緩。

如果商業經濟的歷史任務正好在這個時期拉開了「尾聲的序幕」，同一時期的工業社會就會強烈需要「人為製造出社會需求與渴望的技術體系」，需要行銷來「搶救商業經濟」，而在勞動市場中，行銷專才自然會得到高度的評價。

道德或好景氣

具體來說要怎麼做才能拖延「需求的飽和」呢？我們就來看看廣告代理商電通在一九七〇年代發展行銷策略時使用的「戰略十訓」，具體內容如下：

1. 讓他們用得更多。
2. 讓他們丟棄。
3. 讓他們浪費。
4. 讓他們忘掉換季。
5. 讓他們送東西。
6. 讓他們整組購買。
7. 祭出誘因。
8. 讓東西退流行。
9. 讓他們輕鬆購入。
10. 製造混亂。

……這些做法或許真的能拖延「需求的飽和」吧。

可是看完這份清單，大多數人應該會覺得內容很不對勁，或者更直接說應該會覺得不是很愉快。現在全球都在討論資源、環境、垃圾、汙染問題，對我們來說，透過這種意圖製造需求實在太不道德了。

我並不打算為電通護航，但是針對這份清單，我想請各位注意兩個地方。第一個地方是，一九七〇年代編列清單的人對於環境與自然的一般認知，與現在的我們截然不同。

我們可以回想一下，在那個年代，有許多工廠會將劇毒的廢水排入河川或海中，溪流還會散發惡臭。新日本窒素肥料（現在的氮肥）的水俁工廠將含有有機水銀的工業廢水排放進水俁灣，造成慘烈的水俁病公害，直到一九六九年才停止排放。

現在的我們難以想像當時的人怎麼會這麼愚蠢，由此可見，我們和他們的認知上是南轅北轍的[18]。

關於「欺騙」的極限

第二個要注意的地方是，就算放眼當代，還是非常難找到一間公司，他們在開發或推動新商品企畫時沒有任何「戰略十訓」中的意圖。請想想各位自己任職的公司，應該沒有人可以拍胸脯保證說，自己的公司沒有任何這一類的意圖吧。

雖然看到白紙黑字的這些意圖時，明顯會感到不悅，但是被問到自己有沒有這種意圖的時候，也無法堅決否認。因此很多人平常都視而不見，不但參與這樣的工作，而且遏止自己意識到這些意圖，他們都是透過這種方法維持心理健康，認真投入每天的工作。這種行為，叫作「自欺欺人」。

安全舒適的物質生活需求一定會飽和，本書前半部介紹的松下幸之助也說，商業經濟的使命是「提供豐富的物質，根絕社會的貧窮」。飽和就代表使命已經達成了，是很值得慶祝的。但是我們社會卻無法接納這個情況，讀了「戰略十訓」就會很清楚，現在社會無法因為達成使命而歡欣鼓舞，只能在使命快達成的時候三番兩次刻意製造混亂，拖延時間。

雖然這樣講很不中聽，但是在大規模的災害和戰爭後，GDP都會增加，因為大破壞發生後，一定需要有大規模的生產來填補。這就代表有破壞，才會有經濟成長，但是總不能為了經濟成長就引發戰爭或祈禱天災發生吧，為什麼呢？因為我們都知道，這樣做太不道德了。於是我們使用了騙術，把「破壞」用另一個不痛不癢的詞代換，透過推動這件事讓經濟活絡。這個取而代之的詞是「消費」，消費就是「廢棄後破壞」，是破壞的同義詞。如果促進「名為消費的破壞」需要的知識、技術系統是「行銷」，各位應該就可以理解，這項活動可能潛藏巨大的問題，可能「遊走在道德的邊界」。

這裡同樣也發生了「撕裂」的情況。我在第一章指出，我們社會受到兩股力量的拉扯，一股是近代以來不斷「追求無限上升的壓力」，一股是有限性強化的「追求著陸的引力」，資源、環境、垃圾、汙染這些問題就是構成「引力」的重要因素。我們大部分人都感受到了這股引力，卻毫無作為，徒然跟著「停止不了、制止不了」的慣性走，一邊為虛無感所困，一邊從事每天的經濟活動。

其實已經有很多人揭發了這種「欺騙」行為，舉例來說，奧地利的設計師維克多．巴巴納克（Victor Papanek）[19]對於設計的社會任務與責任很積極做出提議，他在著作《為真實世界設計：人類生態與社會變遷》中提出下列觀點：

> 在眾多職業當中還是存在比工業設計更有害的，但是數量非常少。比工業設計更要不得的應該只有一種職業，就是廣告設計。他們要說動很多人，即便人們手邊沒有錢，還是

會以吸睛爲由，誘使人們購買根本用不到的物品，這種職業恐怕是世上三百六十行之中最要不得的吧，而工業設計是幫公關、廣告人推廣的惡質白癡的思想，穿上商品這件糖衣，因此是第二要不得的職業。

維克多．巴巴納克《爲眞實世界設計：人類生態與社會變遷》

他的批判相當直言不諱，不過如果你以為他只是在批判廣告、行銷從業人員，那就誤解他原本的用意了。既然企業活動的精髓一如杜拉克所說是在於「行銷」，代表沒有一個商人能夠自外於巴巴納克所批判的原罪。

搶救已經飽和的需求勢必就會踩進道德的灰色地帶，以前的經濟學家也已經注意到這一點了。舉例來說，凱因斯的友人、劍橋大學的經濟學家丹尼斯．羅伯遜（Dennis Holme Robertson）[20]，他一九三〇年四月在英國政府成立的「麥米倫委員會（Committee on Finance and Industry）」中表示，造成當時景氣低迷的原因，第一個就是「需求的飽和（the gluttability of wants）」，他還提出了下列的解決法：

只能不斷刺激新的欲望。實際上，孜孜不倦實踐這種不道德（immoral）方法的國家，成功拖延了不景氣疾病的病發。

廣井良典《定常型社會，「豐饒」的新構想》（定常型社会 新しい「豊かさ」の構想）

選擇不道德，還是選擇拖延不景氣的發生，羅伯遜提出了一個尖銳的取捨情境。但是即便選擇了後者，結果也不會改變，請注意羅伯遜說的不是「解決不景氣問題」而是說「拖延」。就算可以拖延遊戲的結束時間，本質上依然無法解決問題，因此最終「doomed to fail（注定會失敗）」。

「想要」不是「需要」

另一方面，我們其實也可以打開天窗說亮話，接受「不道德」，擺出「那又怎樣」的態度。舉例來說，威廉・莎士比亞[21]四百年前寫了戲劇《李爾王》，在第二幕中，二公主里根提醒李爾王「父王的隨從多到煩人，只要夠用就好了」時，他反駁如下：

不要跟我鬼扯什麼需不需要，即便是最卑賤的乞丐，他都會擁有一些身外之物，哪怕那些東西有多簡陋。如果除了自然的需求之外，我不能擁有任何身外之物，這一生就形同禽獸，悲慘至極。妳是王女，只要夠暖和，華服就是奢侈品，就自然的需求來說，妳現在身上穿的奢侈華服也是不必要的，那種東西根本不足以保暖。

威廉．莎士比亞《李爾王》（野島秀勝譯本）

莎士比亞在這裡的台詞「自然的需求」、「就自然的需求來說」，都用到了「自然」這個詞，原文是「Nature」，指的當然不是山川草木的自然，而是接近「本性」、「本然」、「本來」這類意義的「自然」。因此李爾王雖然反對里根的建議，卻也認同奢侈品是「本性、本然、本來不需要的東西」。雖然認同，但他認為「要是我只有最低限度需要的東西，過得這麼寒酸，人生會乏善可陳」，因此他擁護「過剩」和「奢侈」，我想同意這個看法的人應該不在少數。

擁抱不道德——奢侈帶動經濟

然而到了近代，接二連三出現「擁抱不道德的主張」，他們熱烈討論帶動經濟的是「過剩」和「奢侈」。比方說《李爾王》寫成正好一百年後，英國諷刺作家伯納德．曼德維爾（Bernard de Mandeville）一七〇五年出版的《蜜蜂的寓言》（The Fable of the Bees）認為個人的欲望會推動社會的福利，這本書成為暢銷之作，聽說當時的倫理學家讀了這本書都大發雷霆，書中到底寫了什麼樣的故事呢？

曼德維爾的蜂群因爲自私自利的富有族群而非常繁榮，蜂群過著極盡奢華的生活，最貧窮的蜜蜂也因爲侍奉富有蜂而得到好處，蜜蜂的社會充滿欺騙、羨慕、嫉妒、虛榮、貪婪等惡德，但是沒有一隻蜜蜂餓過肚子。然而某一天，蜂群對於自己不道德的荒誕生活感到羞恥，他們聽了倫理學家的忠告，決定要端正品行，沒想到發生了意料之外的結果。

過去財富存在的地方開始一貧如洗，蜂群接二連三失業了。每隻蜜蜂欠了錢都會馬上償還，不再需要律師，於是律師失業了；所有蜜蜂都變得品行端正，不再需要懺悔，於是神職人員失業了；隨從沒有可以侍奉的主人，於是他們也失業了；小偷都不存在了，監獄不需要獄卒，於是獄卒失業了。個體想要行得端坐得正，就會損害社會全體的公益。

伯納德．曼德維爾《蜜蜂的寓言》

作者想透過這則寓言傳達的寓意，已經直接寫在副標題裡了——「私惡即公益」。曼德維爾已經率先觀察到「某人的支出是某人的收入」，這是類似總體經濟學的循環。而且經過十八世紀的啟蒙時代，「奢侈會驅動經濟」的概念又更純熟了。舉例來說，「德國經濟歷史學派」的代表經濟學家維爾納．桑巴特（Werner Sombart）[22]在著作《戀愛、奢侈與資本主義》（Liebe, Luxus und Kapitalismus）中，做出了有點極端的推論，他說催生並帶動資本主義這個經濟體系的是「奢侈」，推動「奢侈」的是「戀愛」。

奢侈在方方面面促使了近代資本主義的誕生，比方說，封建財富移轉成了市民財富（負債），奢侈在這件事情上扮演了本質性的角色。

維爾納．桑巴特《戀愛、奢侈與資本主義》

桑巴特的論述特別值得深思的地方，是他將「奢侈」分成兩類討論。他認為「用黃金打造富麗堂皇的聖殿獻給神明」與「為自己訂製絲綢華服」都算是「奢侈」，但是「我們馬上能感受到兩者之間有天壤之別」。這個「天壤之別」是什麼情況呢？桑巴特自己幾乎沒有談到，不過「奢侈有兩種」是個重大的啟示，我之後再來重新討論。

桑巴特認為近代經濟是受到第二種，也就是受到「為自己訂製絲綢華服」這種奢侈所驅動，並認為「違法成為情人、愛人的婦女」是近代經濟的推手。桑巴特舉的例子是路易十五的愛妾龐巴度夫人和杜巴利伯爵夫人，她們在世界史上極盡奢華的程度堪稱是「極端值」，以她們當佐證多少有點偏頗。

除此之外，活躍於差不多時期的美國社會學家托斯丹．韋伯倫[23]從不太一樣的角度，討論了奢侈這件事。在韋伯倫的著作《有閒階級論》中，他對於富裕階層的奢侈，提出了非常單純的歸因：「透過經濟能力，誇耀自己的高人一等」。不管你是喜歡誇耀的人，或者你排斥這樣的人因此敬而遠之，我想應該很多人對於這個敘述都不陌生。

韋伯倫將這種為了「誇耀自己的高人一等」的顯擺型消費命名為「炫耀性消費」，他認為近代以後在身分制度不分明的社會中，這些人強烈需要炫耀性消費，好讓社會性的優劣與上下關係清晰可見。韋伯倫提出的「炫耀性消費的無限性」也值得深究。

只要財富可以比較並製造差異，人們就會競富、無限追求財力的評價，並因爲財富多於競爭對手而感到無上的喜悅。（中略）因爲人們的欲望就是透過累積財富勝過他者。正如某些主張所說的，如果累積財富的原因是欠缺生活必需品或肉體上的安樂，在生產效率提升到某個階段時，整體社會的經濟需求應該就會得到滿足。但是既然競富的本質是建立在人我的比較與外部評價，可想而知這場比賽是不會有終點的。

托斯丹．韋伯倫《有閒階級論》

韋伯倫這本書的書名雖然是「有閒階級論」，但是讀過就會明白，他所討論的並不限於「有閒階級」，他的目標範圍很廣，指涉的是人們的消費活動。而韋伯倫要指出的就是，所有人勢必都會努力獲得高人一等的經濟能力，然後從事各式各樣的消費活動，藉此誇耀自己獲得的經濟能力。我們會發現，這種「無限性」與追求永遠成長的「資本論」一拍即合。

然而如果消費只是「誇耀自己高人一等的炫富」，問題就來了：我們真的想要這種無止盡炫富比賽的反烏托邦嗎？

只有炫耀性消費和必要性消費兩種嗎？

十九世紀的已開發國家「已經將基本問題都解決了」，桑巴特與韋伯倫觀察這些人民的經濟活動，桑巴特認為是「戀愛遊戲的奢侈」在推動經濟，韋伯倫認為推動經濟的是「成功者炫耀的奢侈」。

這兩個觀點都有一點極端，不過好比說即便是現在的停滯社會也像他們所說的情況一樣，歐洲的奢侈品牌或高級跑車市場依然穩定成長，相當活絡，可見他們的觀點如今還是具有一定的說服力。

我前面一直故意不提，但其實凱因斯也提出了同樣的觀點：

我確實認爲人類的需求沒有極限，但是需求分爲兩種，第一種是絕對需求，無論身邊的人是什麼情況，你都會覺得有需要。

第二種是相對需求，只有在能夠高人一等、享受優越感時，你才會覺得有這個必要。第二種需求是用來滿足我們高人一等的渴望，而且也確實是沒有盡頭的，因爲整體的水準越高，想要的就會越多。

但是絕對需求不會是無止盡的，絕對需求恐怕在早於我們以爲的時期就已經得到滿足了，我也認爲未來使用能量的目的，可以不再是經濟。我來說我的結論——如果再繼續細想下去，就會發現光是想像都讓人震驚的結論。

結論是，倘若沒有大型的戰爭，人口也沒有極端增加的話，經濟問題可能會在百年內解決，或者至少很快就會解決了。這意謂著如果放眼未來，經濟問題不會是人類永遠的問題。

J．M．凱因斯《我們後代的經濟可能性》
(Economic Possibilities for Our Grandchildren)

凱因斯的論點可以整理成下列兩點：

1. 需求分成「與他人無關且必要的絕對需求」與「高人一等所需要的相對需求」。

2. 「絕對需求」近期會得到解決，「相對需求」卻永無止盡。

凱因斯是在經濟大蕭條炎燒的一九三〇年發表這番演講，可見「百年後會是絕對需求得到滿足的時代」的預言幾乎是應驗了。

但是在這個「經濟問題得到解決的世界」裡，推動經濟的是什麼？凱因斯在演講中並沒有明確說出答案，不過如果參照上述的整理，在以後的世界裡，推動經濟的只有可能是「高人一等的渴望（相對需求）」，因為這種需求反而是永無止盡的。

「無限加熱」的結果

這種「無限性」與資本主義的相容性確實很高，因為就像前文所述，資本理論上會追求「無限的成長」，不過這種無限性很容易淪為「奢侈」。在二〇世紀前半以前，這種「無限性」或許並不構成什麼問題，但是就像前面討論提到的，現在全球都在擔心自然、環境、資源的問題，以奢侈推動經濟在倫理上或物理上都不被容許。

更進一步來說，以奢侈帶動經濟也可能強化社會對立的結構。在日常需求得到滿足之後的世界裡，經濟的動力如果是「向他人誇耀自己」的需求，經濟活動本身就會成為決定社會中優劣關係的遊戲，結果就會免不小「無限的過熱」，但是「無限的過熱」未來可能會引發爐心熔毀。

其實當代世界到處都可以看到「爐心熔毀（道德淪喪）的現象」，最簡單的例子就是高級跑車的世界。

二〇一九年九月，福斯集團旗下的高級車品牌「布卡堤」推出了新型車款「奇龍」。奇龍的性能和價格都讓人瞠目結舌，車子的出力是一千五百馬力，最高時速是四百九十公里，價格是兩百六十萬歐元。有鋪路能讓這種汽車行駛的國家，無一例外都有道路速限，因此這種荒謬的性能在地球上的任何地方都派不上用場。對於車主來說，它的性能頂多只是種「符號（訊息）」。

奇龍車主想擁有的符號很清楚，就是「你輸了，不要做無謂的抵抗」。最近在超級跑車之上，還設定了一個Hyper car的級別，我們可以很明確看到行銷策略的狡詐，透過細分「階級差異」，在社會中製造嫉妒、羨慕和自卑感，讓人產生購買的念頭，消除這種「負面情感能量」。

散財遊戲的贏家會有什麼下場？

這種經濟型態讓人想起散財宴（Potlatch）的情景。文化人類學家馬塞爾・莫斯（Marcel Mauss）在著作《禮物》（Essai sur le don）中介紹了散財宴，這是一種常見於美國原住民的儀式。在儀式中，部族的酋長們要比「誰能散盡更多財產」來一分高下，因此最闊綽、最大膽散盡家財、搞破壞的人，可以勝出散財宴這場「遊戲」。

既然散財宴攸關酋長的面子，想當然「你來我往的散財」也總是進行到過熱，甚至嚴重到最後常常會有人當場殺害自己的家畜或奴隸，看不下去的加拿大政府一八八五年明文規定禁止了散財宴。

我們可能很難想像當代文明世界的散財宴會是什麼情況，不過電影中常常會描寫有人異常揮霍的場景，令人印象深刻。舉例來說，《大亨小傳》過去由勞勃．瑞福主演，近年的重製版由李奧納多．狄卡皮歐主演，開頭的派對場景就讓人聯想到文明社會的散財宴。在同樣由李奧納多主演的《華爾街之狼》中，喬登．貝爾福是華爾街呼風喚雨、真實存在的股票經紀人，電影描繪了他如散財宴一般荒唐的生活，而且因為在倫理上太脫軌，電影在日本被列為所謂的「十八禁」。

我們之所以能享受這些情景，是因為電影觀眾屬於旁觀者的立場，如果我們是當事人，如果我們賴以生存的真實社會要靠奢侈才能成全經濟，不但一味歌頌破壞性消費，還要靠揮霍程度決定社會地位的高低，讓「散財宴常態化」，活在這種社會裡，只能說是生不如死吧。

在這種世界裡，優劣遊戲的贏家理論上只有金字塔頂端的少數人，散財宴常態化的社會只能說是反烏托邦。

在「必須」與「奢侈」之間的答案

這裡先來整理前面的內容，重點如下列三項：

1. **現在的已開發國家已經幾乎打造出了讓人活得安全舒適的物質生活基礎，而且社會漸漸進入「往高原軟著陸」的階段，無法再期待人口增加更多，必然就會產生「需求的飽和」。**

2. **既然商業經濟建立在「發現問題」與「解決問題」之上，在多數問題得到解決的「需求飽和社會」裡，就會發生經濟停滯、獲益率下降，並且表現在已開發國家共通的低 GDP 成長率和極低的利息。**

3. **為了避免這個情況發生而刺激「不必要的消費」，很容易淪為「奢侈」，如今「自然、環境、資源」問題越來越重要，這種消費型態在道德上不被允許，在物理上也無法永續。**

這樣推論下來好像已經走頭無路了，不過這是非常重要的地方，我們來仔細檢核一下。這個理論是不是有盲點？是不是要找出盲點，我們才能構思豐饒且生機盎然的高原社會？

我來耐心地抽絲剝繭吧。在解構理論的時候，最值得攻訐的盲點就是理論預設的「二元對立」論。在這個推論中，二元對立指涉的就是「消費型態」的二元框架。消費真的就像桑巴特、韋伯倫、凱因斯所說的，只有「與他者無關的必須品」和「高人一等所需的物品」，只有必須型和奢侈型兩種嗎？多數的讀者看到他們將「人類的欲望」一分為二切成兩種，恐怕反而會覺得不太對勁，覺得有什麼重點被遺漏了。

這裡我想到了桑巴特說的「奢侈分成兩種」。

我重新引用一次，他認為「用黃金打造富麗堂皇的聖殿獻給神明」與「為自己訂製絲綢華服」都算是「奢侈」沒錯，但是「很快就能感受到兩者有天壤之別」。為什麼這兩種「消費行為」會讓我們覺得有天壤之別？

這裡我想提出兩個觀點：

一是「他者性」，一個是「時間軸」。

「絲綢華服」是「封閉性目的」的消費，為的純粹是自我滿足、自我表現，而「富麗堂皇的聖殿」是「開放性目的」的建設，能夠救助他人，不會自我封閉。而且「絲綢華服」只能在極短的時間內被「消費」，「富麗堂皇的聖殿」卻能在幾乎無限的漫長時間裡，實際給予許多人「高層次的喜悅」。

是否能感受到「至高體驗」

對於這種喜悅，思想家喬治．巴塔耶稱之為「至高性」。

我想起來了，當時我堅持說，錫耶納大教堂笑著驅趕了在廣場駐足的我。「不可能啦，美好的事物並不可笑。」別人這樣回答，而我無法好好說服他。但是我在大教堂前的廣場如孩子般幸福地笑了。在七月的陽光下，大教堂讓我目眩神迷。

喬治．巴塔耶《關於尼采》(Sur Nietzsche)

巴塔耶和桑巴特同樣都以「大教堂」當作「至高體驗」的例子並不是純粹的巧合，我認為這裡有一個重要的啟示，告訴我們驅動「高原社會經濟」的欲望應該會是什麼型態。

巴塔耶所說的「錫耶納大教堂」應該就是錫耶納主教座堂，這裡黑白條紋相間的大理石總是讓來訪者留下鮮明的印象，教堂在十四世紀初建立，後來過了七百年，大教堂不但沒有製造新的二氧化碳，沒有消耗更多自然資源，而且總是讓來訪者覺得「很慶幸能活到現在」，不斷帶給人「至高的體驗」。這種「高度的資源生產力」正是21世紀經濟活動所追求的。

讓人生「值得活」

如同我前面的討論，我們居住的世界已經在方方面面面臨有限性這個問題，對自然、環境、資源造成巨大負荷的奢侈型消費，無論在物理上或倫理上都沒有永續性。

但是在日常實用需求已經得到滿足的當代社會，如果嚴加管制奢侈型消費，就會造成「硬著陸問題」，使得經濟大幅萎縮。如果我們希望經濟在軟著陸的情況下，轉為趨緩的定常至微成長狀態，又希望能以永續的形式，讓高原社會成為真正豐饒又生機盎然的社會，讓人覺得這樣的社會值得活，那麼以「至高性」為核心進行生產與消費活動，會是未來社會的重要關鍵。

這也是在聽到「消費只有兩種，一種是與他者無關的必須品，一種是高人一等所需的物品」時，我們會覺得不太對勁的原因。

這種至高性的生產和消費型態，與必須型和奢侈型背後的需求是不同種類的，這種需求就是「人性本能的衝動」。比方說「唱歌跳舞」的衝動、「書寫創作」的衝動、「在草原上奔馳」的衝動、「浸淫在葉影婆娑的日光下」的衝動、「跳進美麗海中」的衝動、「幫助有難的弱者」的衝動、「與故友把酒言歡」的衝動、「緊緊抱住可愛孩子」的衝動、「為崇高的目標奉獻人生」的衝動。

這些需求都來自人性，這些衝動，讓人之所以為人。但是這些需求在現實生活中是不可或缺的嗎？答案是否定的。那麼這些需求會淪為「奢侈」嗎？答案也是否定的。也就是說，無論是桑巴特、韋伯倫或凱因斯都沒有提到「讓人生值得活的重大需求」。

Instrumental與Consummatory

這樣一想，「必須」與「奢侈」兩種消費型態乍看之下是對立的，其實還是有一個共通點，就是這兩種消費總是「工具性」、「功利性」的。

「必須品」的「工具性」和「功利性」很好理解，「奢侈品」到底是不是這樣呢？如果一如桑巴特、韋伯倫和凱因斯所說，奢侈本質上的目的是「讓情人印象深刻」、「炫耀自己的高人一等」，奢侈就勢必是「工具性」和「功利性」的行為了。

另一方面，我前面舉的「人性本能的衝動」消費就沒有「工具性」和「功利性」的成分存在。這些消費活動本身為主體帶來的歡愉和刺激發揮的作用，就是一種自我回饋了，與「必需品」和「奢侈品」大相逕庭。值得注意的是，從這個行為中也可以發現「時間」的消失。

此時我們面臨了「概念的失落」的局面。在將某件事深思熟慮、反覆思考之前，我們一定會需要「賴以思考的語言」，但是在我們的文化裡，並沒有正面的語言可以描述由「人性本能的衝動」所驅動的經濟活動。

有些讀者聽到「這些消費活動本身為主體帶來的歡愉和刺激發揮的作用，就是一種自我回饋了」的時候，可能會馬上聯想到「剎那」、「享樂」、「縱情」之類的活動。不過如果看回前面「衝動活動」的具體例子，就會很清楚這些活動不應該以負面的語言描述。

因此我在這裡想借助外文的力量。「必須品」和「奢侈品」乍看之下是對立的，但是同樣都是「將消費行為手段化，藉此獲得未來的好處與效益」，以日文描述就是「工具性」、「功利性」，以英文描述就是「Instrumental」。

相反地，「在此時此刻感受到愉悅與刺激的回饋，就讓行為本身回本了」的概念，我想用美國社會學家塔爾科特・帕森斯提出的「Consummatory」描述。Consummatory 很難翻成日文，因此我才特地借用外文。我把 Consummatory 與對比的 Instrumental 概念進行下列的整理。

Instrumental	Consummatory
中長期的	瞬間的
手段是成本	手段本身就是回饋
手段與目的分化	手段與目的合一
回饋是外在的	回饋是內在的
理性的	直覺的

如果我們人類要在「人性本能的衝動」得到解放後，才能最強烈地感受到「生命的充實」，在充分文明化的高原社會中，我們就要讓不同性格的本能衝動得到解放，這樣我們的人生才能從根本意義上以更豐饒、更生機盎然的方式適性發展。

然而，這種「讓人之所以為人」的衝動需求在當代社會常常無法得到滿足，甚至更嚴重的是，很多人對這件事渾然不覺。如果一如前所述，有「未滿足的需求」就有市場存在，那麼應該產生一個潛在的，不同於以往經濟模式的廣大市場。

在漸漸邁向高原的社會中，我認為讓這種人性本能的衝動得到滿足，可能才是兼顧經濟與人性，兼顧 Economy 和 Humanity 的不二法門。

1 為了解決資本主義經濟造成的貧富差距、貧窮而提出的社會主義思想，否定暴力革命與無產階級專政，主張透過議會制民主主義實踐和平、漸進式的社會主義，進而促進社會變革和勞工的利益，是改良主義的立場、思想與運動。相較於以革命和階級鬥爭為目標的共產主義，這個社會主義在政策上主張以議會制度的框架進行財富的重新分配，邁向平等社會。（節錄、摘要、編輯自「維基百科」）

2 Oscar Fingal O'Flahertie Wills Wilde（1854-1900），愛爾蘭作家、詩人、劇作家，是耽美、頹廢、懷疑性的19世紀末文學倡議者。從事各式各樣的創作活動，但因為好男色而入獄，出獄後抑鬱而終。（節錄、摘要、編輯自「維基百科」）

3 Abhijit Vinayak Banerjee（1961-），印度加爾各答的經濟學家，現任麻省理工學院教授，2019年獲得諾貝爾經濟學獎。（節錄、摘要、編輯自「維基百科」）

4 Esther Duflo（1972-），法國的經濟學家，現任麻省理工學院教授，2019年獲得諾貝爾經濟學獎。（節錄、摘要、編輯自「維基百科」）

5 "World Development Report 2016" : Digital Dividends," World Bank, 2016, http://www.worldbank.org/en/publication/wdr2016

6 出自臉書公司財務報表。https://investor.fb.com/investor-news/press-release-details/2020/Facebook-Reports-First-Quarter-2020-Results/default.aspx

7 YouTube 是 2007 年，Facebook 是 2008 年進入日本市場。

8 Hunt Allcot, LucaBraghieri, Sarah Eichmeyer, and Matthew Gentzkow, "The Welfare Effects of Social Media, "A Contribution to the Theory of Economic Growth," Quarterly Journal of Economics 70, no. (1956): 65-94, https://doi.org/10.2307/1884513.

9 1980 年代歐美的雷根、柴契爾，2000 年代日本的小泉純一郎首相推動了一連串新自由主義的經濟政策，包括解除管制（Deregulation）和公營事業民營化，不少人斷定貧富差距的擴大是這些政策造成的。但是許多經濟學家都認為，這種政策轉型對貧富差距的影響比較小，技術革新造成的勞動需求減少影響更重大。

10 在 19 世紀初的工業革命時期，英國手工業者與勞工因為機械化而承擔了失業的風險，當時他們發起了這項破壞機器的運動，1811-1817 年在英國中北部的紡織工業地區蔓延，政府雖然強力鎮壓，卻無法遏止這場運動。盧德（Luddite）據說是取自運動指揮人 Ned Ludd 的名字，但不確定他是否為真實存在的人物。

11 美國的石油公司。約翰．洛克菲勒（John Davison Rockefeller, Sr）與他的夥伴 1863 年在俄亥俄州成立合夥企業，1870 年正式成立。1911 年由於美國聯邦最高法院的命令，被分割成 34 間新公司。（節錄、摘要、編輯自「維基百科」）

12 Ronald H. Coase（1910-2013），美國的經濟學家，他的論文〈公司的本質〉（The Nature of the Firm,

1937）和〈社會成本問題〉（The Problem of Social Cost, 1960）是他的兩大成就，1991 年獲得諾貝爾經濟學獎。他討論了過去經濟學上不常處理的議題，提出「權利」和「法」的外部性問題，提出「交易成本」的概念，對產業組織論貢獻良多。（節錄、摘要、編輯自「維基百科」）

13 Milton Friedman（1912-2006），美國的經濟學家，他主張古典經濟學、貨幣主義、自由市場主義、金融資本主義，批判凱因斯式的「有效需求管理政策」。1982 到 1986 年之間擔任日本銀行的顧問，1976 年獲得諾貝爾經濟學獎。（節錄、摘要、編輯自「維基百科」）

14 國立社會保障與人口問題研究所「2017 年社會保障、人口問題基本調查生活與人際連結相關調查」。

15 日本基金會（Nippon Foundation）官網。https://www.nippon-foundation.or.jp/what/projects/ending-child_poverty

16 Linus Benedict Torvalds（1969-），芬蘭赫爾辛基的程式設計師，發開 Linux 核心，1991 年公開釋出。後來也負責 Linux 核心的最終修正，又名「終身仁慈獨裁者（Benevolent dictator for life，BDFL）」。（節錄、摘要、編輯自「維基百科」）

17 https://ja.wikipedia.org/wiki/Linux#cite_note-28

18 人的認知過 50 年就會產生劇變了，對於 50 年後活在 2070 年的人來說，他們可能會覺得，當代的我們習以為常的許多行為都很愚蠢。我認為思考這個愚蠢是什麼，是當代的我們對後代人的責任。

19 Victor Josef Papanek（1923-1998），奧地利裔美國人，設計師兼教育者。他提出了非常多問題，叩問設計的社會責任。（節錄、摘要、編輯自「維基百科」）

20 Dennis Holme Robertson（1890-1963），英國的經濟學家，是亞瑟・塞西爾・皮古（Arthur Cecil Pigou）後任的劍橋大學教授。他與凱因斯是朋友，但他主張的經濟理論基本上不同於凱因斯。（節錄、摘要、編輯自「維基百科」）

21 William Shakespeare（1564-1616），英國的劇作家、詩人，英國文藝復興戲劇的代表作家。他具有卓越的觀察力，對人類內心做深刻的描寫，公認是最傑出的英國文學作家。在2002年英國廣播公司進行的「百大英國偉人」票選中，他獲得第5名，順帶一提，第1名是溫斯頓・邱吉爾。（節錄、摘要、編輯自「維基百科」）

22 Werner Sombart（1863-1941），德國的經濟學家、社會學家，德國經濟歷史學派最後的經濟學家。（節錄、摘要、編輯自「維基百科」）

23 Thorstein Bunde Veblen（1857-1929），活躍於19世紀後半到20世紀初的美國經濟學家、社會學家，他以不同於馬克思的觀點，分析並批判當時興起中的工業資本主義社會。（節錄、摘要、編輯自「維基百科」）

第三章　我們該如何是好？

不要大聲嚷嚷，把各式各樣的自我都混為一談，我就直言不諱了，這個世界有一半的下流，是那些沒有真正觸碰到自己的自我的人造成的。

J·D·沙林傑（*Jerome David Salinger*）《法蘭妮與卓依》

高原的 consummatory 經濟

我在前一章的討論以「消費型態」為主軸，並提議把我們的經濟活動從 Instrumental 的「為了未來，把現在當作工具」，轉型成 Consummatory 的「追求此時此刻的愉悅與充實感」。

我認為這不是只購買必需品的無聊消費型態，也不是為了炫富的無間地獄、奢侈消費，這種經濟型態與人我的快樂和感官有直接的關連，是以人性衝動為動力的活動。

這個論點不是我獨創的，早在至少一百年前就有人提過了。喬治・愛德華・摩爾[1]是劍橋大學的哲學教授，也是凱因斯的指導老師，他在主要著作《倫理學原理》中提出了下列的社會願景。

> 在我們認知或想像中最有價值的，是透過交友獲得的喜悅，或者見到美麗事物的愉悅，是類似這一種的內心狀態。
>
> 只有當個人與社會的義務是爲了讓更多人達到這樣的狀態時，才能合理化義務的執行。唯有這種內心狀態，能夠賦予人類活動合理的最終目的，也是評估社會進步與否的唯一指標[2]。

摩爾的論點，與我主張從「Instrumental 社會」轉型為「Consummatory 社會」不謀而合。摩爾在第二次工業革命後期、文明化顯著進步的社會中，認為所有個人與社會活動的目的，都應該能夠讓人們進入 Consummatory 狀態，而且社會的進步與發展程度，也只能透過這個指標來評估。

如今 GDP 這個指標已經失去意義了，我們又找不到取而代之「評估成長的指標」，因此摩爾的觀點給了現在的我們很重要的啟發。摩爾說，「評估社會進步程度的唯一指標」，是看多少人可以達到某種「內心狀態」，類似「透過交友獲得的喜悅，或者見到美麗事物的愉悅」狀態。而且個人與社會的活動只有在為了讓更多人達到這樣的狀態時，才能合理化。

摩爾的觀點如果要換句話說，就是經濟的動力要從「文明和技術」轉型成「文化和人性」。我們生產的事物必須能讓高原社會更多彩多姿，然後透過交換這些事物帶動經濟，這樣的社會就是「人性與經濟，Humanity 和 Economy 合而為一的社會」。

在這個 Consummatory 社會中需要更有價值的東西，以「豐饒」取代「便利」，「情感」取代「功能」，「情調」取代「效率」。每個人都能發揮自己的人格特質，在不同領域追求的是「意義」而不是「功用」，社會更加多元，產消之間形成緊密的心理連結，不同於對於傳統「意義」產生共鳴、只仰賴貨幣交換而形成經濟關係的產消。

舉例來說這樣的社會是……

- 老百姓參與各種活動生產物品，如同藝術家受到衝動驅使投入創作一般。
- 有些個人或組織在世上找到無法置之不理的問題，於是他們倡議解決的願景，深有同感的人眾志成城，釋放出高度的熱能。
- 沒有任何人要去漫無目標、一味追求無意義無限成長的公司，所有人都以自己的步調投入自己熱衷的工作。
- 人們購買物品或服務不是為了炫富或高人一等，而是為了讓自己的生活真正地豐饒且生機盎然，購買之後自己的感性與知性也會得到更多養分。
- 人們不會被迫犧牲現在成就未來，或者為了組織犧牲小我，人的尊嚴不再被賤棄。
- 看到有難的人無人聞問時充滿了罪惡感，但是不再因為「我沒時間理會」而別過頭來視而不見。
- 每個人都住在自己想住的地方，與想合作的夥伴共事，感覺得到勞動的喜悅。
- 教育不是為了把學子打造成資本主義社會中高效率、高性能的零件，教育是為了培養創造力，讓高原社會更豐饒且生機盎然。

・各式各樣的公共開發和投資不是為了經濟成長，而是為了讓人們在更美麗的風景中度過一生。

一如我在第一章討論過的，我們社會長達兩百年的期間都處在白熱化的文明競爭、效率至上的壓力中，在終於從壓力中解脫之後，我們到達了穩定的高原社會，不需要繼續追求成長。

在高原社會中若是依舊以我們曾經歷過的高成長社會為目標，勢必會踩進不道德的地帶。在這種社會裡，我們的經濟活動需要從提升文明與便利性，轉型為提升文化與豐饒度，發展經濟的同時應該要同步加強社會的豐饒度。

我們需要優雅又美麗的蛻變

那麼具體來說我們往後要採取什麼行動，才能讓 Consummatory 的高原社會成立呢？

基本上是下列的三點：

提議一：找到真正想做的事，參與其中。

提議二：付錢給真正想支持的人事物。

提議三：（為了實踐一與二）採行無條件基本收入。

說這些提議是社會改革，對有些人來說可能太微不足道了，不過我認為如果每一個人都實踐這些提議，確實會讓社會產生變化。現在我們需要的不是將制度連根拔起的破壞力，而是種優雅又美麗的蛻變，如毛毛蟲一般在靜靜改變型態後破繭成蝶。畢竟造成現在局面的並不是遙不可及的陌生人，而是我們自己。

大衛．斯特羅（David Stroh）[3]與許多國際機構和企業共同進行過社會改革的企畫，他是一個社會體制設計者，他認為在解決複雜的問題之前，都需要認知到「這個你想解決的問題是體制造成的，但是你也是這個體制的一份子」。無論是什麼問題，如果個體沒有覺察自己如何參與體制、如何在不知不覺中間接促成這個問題的發生，體制就不可能得到改善。因為在體制中，一個個體最能夠隨心所欲控制的不是體制本身，也不是其他參與者，而是他自己。

當代世界還殘存了各式各樣的問題，許多人都會攻擊他者，認為「錯在政府、錯在企業、錯在媒體、錯在蠢蛋」，但是砲口對外到頭來只會得到苛刻、頑固、攻擊性、排他性的「黑暗停滯的谷底」，與「寬容開放的高原」正好相反。

改變歷史的「小小領導者」

如果正在閱讀本書的你，覺得世界正在往不好的地方前進，你需要先認識到，這股推力毫無疑問就是來自你自己，而不是他人、政府或企業。一個個小小領導者凝聚起來，就會讓世界產生劇變。只要我們之中有一部分人的行動，能夠稍微改變世界前進的方向，一百年後的世界一定會截然不同。

日本從來沒有發生過人民主導的社會革命，因此許多人都只是一廂情願覺得「政府遲早會出現厲害的領導人主導改革」，很少人會主動參與，也就是從事存在主義所謂「社會參與（Engagement）」的人少之又少。大多數人認為社會改革是行政機關或企業領導人的工作，自己是每天操煩生活大小事的小市民，不可能是社會改革的主導者，甚至不需要思考這件事。

他們認為改變世界的是「偉大的領導者」，但其實社會的重大轉捩點，意外地常常是由「小小領導者」促成的。舉例來說，美國的民權運動是反歧視黑人的重大里程碑，這件事的導火線是個非常小的事件。一九九五年，阿拉巴馬州有一位黑人女性羅莎．帕克斯，她孤身一人搭公車，在車上被要求讓座給白人，她拒絕讓座，卻因此被捕入獄。這個事件叫作「聯合抵制蒙哥馬利公車運動」。羅莎當時在百貨公司從事裁縫的工作，她並不是什麼人權運動家。這個事件也不是因為她想揭竿起義、主導民權運動才發生的，她沒有這個「遠大的目標」，她回憶當時，說她只是「不想聽從不合理的命令」。

在這個例子中，她發揮的只是小小的領導力，但是這股力量卻引發廣大迴響，甚至改變了美國的歷史，連帶促成了全美的運動。

我們所處的社會當然也是建立在「複雜的體制」之上，沒有一個程式可以號令整個系統，整體系統是由組成系統的每個子系統的運作所驅動的。每個子系統的運作變化又會讓其他子系統產生變化，造成整個系統的變化。此時掌控整體變化的不是行政機關或企業領導人，而是體制內部默默無聞的個體。

科學作家馬克・布侃南（Mark Buchanan，又譯布坎南）在著作《改變世界的簡單法則》中舉了奧地利皇儲被暗殺的例子，這起案子是第一次世界大戰的導火線，卻只是因為皇儲的車隊駕駛走了不對的路才發生的，他透過這個事件說明歷史的轉折不是出於重大的決策，某個地方的日常小行為或發言就有可能掀起滔天巨浪，這也是混沌理論所說的蝴蝶效應。

蝴蝶效應是來自氣象學家愛德華・羅倫茲（Edward Norton Lorenz）的寓言假設，蝴蝶振翅的小小干擾，可能造成千里之外的颶風，因此稱之為蝴蝶效應。如果直接套用到社會現象來思考，就代表即便是一個渺小個體的渺小行為，即便是「一介市民不服差別待遇而抗命」的行為，也可能掀起歷史的巨浪，最終改變世界的樣貌。

叩問「體制與個體之間的關係」

改變社會可以採取兩種途徑，第一種是「改變自己外部的體制」，第二種是「改變體制內部的自己」。二十世紀中葉以後，有特別多人走上了第一種途徑，嚷嚷著「改變世界」，最後斷送了自己的一生，舉例來說：

在大學講堂中圍城，大喊著「大學解體，自我否定」，然後把裝了煤油的飲料瓶投向警官。

留著長頭髮，吸著大麻，聽著搖滾樂，在郊外的祭典聚眾提倡無政府主義。

在深山蓋道場，戴上奇怪的頭套，成天聽著教祖的教誨，吃著燉煮的蔬菜。

偽造護照遠度重洋，取得機關槍在外國機場掃射，並高喊終結資本主義。

劫持民航機，流亡到沒有邦交的共產國家，向全世界喊話要一起革命。

二十世紀後半有上千人，不，是上萬人投身了這些運動中大喊著改變世界，最後得到什麼成果呢？一無斬獲。為什麼這些運動只留下了無意義的悲慘結果？因為他們的發想都是「改變他者」。

這就是「這個不行就改成那個」的替代思維，他們認為惡化的元兇是體制本身，想透過換其他體制來解決問題，這樣做是很簡單輕鬆沒錯，但是沒辦法解決根本的問題。

我對於無條件接納體制這件事當然是保持批判的態度，但是我也否定把一切問題歸咎體制、透過替代的體制來解決問題的思維。

這一點我在前作《成為新人類：24個明日菁英的嶄新定義》中也有提到，但我想在這裡重新討論一下。本書從開頭就一直在說，我們現在仰賴的體制有很大的問題，而這個問題是有一群「舊人類」不管體制本身的優劣，把它當作一種遊戲接受，並且一直優化體制增加自己的利益，使得問題擴大再生產（Extended reproduction）。但是難道以後引領革命的新人類都要全盤否定這個體制、果斷用某個新體制取而代之嗎？不，我絕對不是這樣想的。雖然兩者看起來像是完全對立的關係，不過兩種想法的基本脈絡同樣都是「體制為主，人為從」的框架。

現在我們面臨的狀況無法以「體制問題」去處理，許多人還在以「要替換成什麼體制才能解決問題」的觀點討論問題，可是不管採取什麼體制，只要體制內的人不變，就是換湯不換藥。重點不是「如何改變體制」，而是「如何改變我們自己的思維、行為模式」。

提議一、：找到真正想做的事，參與其中

> 就眞正意義的歷史來說，(各種階級的)人類會爲了尋求認可而彼此戰鬥，或是爲了勞動自然就會奮戰，馬克思將這樣的歷史稱爲「必然王國(Realm of necessity)」，在超越這種境界的地方有一個「自由王國(Realm of freedom)」，人類在這裡(可以無條件認可彼此)不需要任何奮鬥，只需要最低限度的勞動。
>
> 亞歷山大・科耶夫(Alexandre Kojève)
> 《黑格爾導讀(Introduction to the Reading of Hegel，暫譯)》

「Business as Art」

我們首先需要把工作從功利、工具性的Instrumental，轉型為自我成就、自我完結的Consummatory，這樣才能讓高原社會更加豐饒且生機盎然。

不過有些人看到這句話，或許會誤以為我的論點是鼓吹大家應該立刻辭職，應該尋歡作樂當個藝術家製作作品，不要再當上班族了。其實我的提議是，我們參與經濟活動應該要如同藝術家或舞者，他們是出於衝動才參與藝術創作。

二十世紀後半的德國當代藝術家約瑟夫．波伊斯[4]提倡「社會雕塑（Social sculpture）」的概念，他認為每個人都可以透過自己的創造力解決社會問題，我們都是有助於雕塑幸福的藝術家。

在一般人的認知中，「藝術家」是世界上的一群怪咖族群，「非藝術家」則是一群普通人，但是波伊斯認為這種想法很不健康。

這一點常常會被誤解，因此我想提醒一下：

當代藝術家不是那種隨心所欲將顏料塗抹在畫布上，或者將一分為二的哺乳類浸泡在福馬林瓶中收納的人，他們會以自己的觀點，找到「無法坐視不理的問題」，並且提出他們的做法，有時候也會試著解決問題。如果商業經濟存在於「發現並解決社會問題」的情境中，我們做的本質上就與藝術家如出一轍。

近年商業經濟和藝術在各式各樣的領域都越走越近，感覺有人會譴責說這根本是我一手主導的，但其實我個人對此常常會覺得不太對勁。很多時候講「商業經濟和藝術越走越近」，討論的幾乎都是「在商業經濟的脈絡中推動藝術（Art in business context）」，或者反過來「在藝術的情境中推商業經濟（Business in art context）」，兩者的共通點是「把商業經濟和藝術視為獨立的個體」。

我覺得只要在這個框架下繼續推行，藝術終究會像眾多的經營理論或經營法一樣，被吹捧完後又被棄若敝屣，只會成為商業經濟脈絡中一個流行的技術，被消費後就無疾而終。

我覺得根本上來說不是這樣的，我們現在本質上需要的是，商業經濟本身被視為一項藝術活動，也就是「Business as Art」的思維。

文明化普及後，高原社會的物質問題大部分得到了解決，將我們社會轉型為「值得活的社會」的，才是具有新價值的東西。這種活動如果是以藝術或文化創意為代表的話，未來高原社會中的商業經濟自然就應該是每個人都能按部就班著手的藝術活動，而這些藝術活動會讓我們的社會更加豐饒。

重新叩問商業經濟的本質

波伊斯是在一九八〇年代提倡「社會雕塑」的概念，代表過了四十年，這個時代終於需要每個人都成為參與社會建設的藝術家了。

這也與CSV（Creating shared value，創造共享價值）的概念在許多地方都成為顯學有關係，我自己當然贊同CSV的概念，不過反過來說，需要特地宣揚「CSV」就代表我們的商業經濟活動依然與「創造共享價值」有一段距離，不對，商業經濟反而是在「DSV（Destroying shared value），破壞共享價值」。商業經濟的本質如果是「解決社會議題」或「讓社會更豐饒」，此時此刻的我們是不是該重新思考為什麼商業經濟會變成這樣？

我前面提過很多次，我們世界已經解決了位於經濟理性極限曲線內側幾乎所有的物質問題，抵達了「高原社會」。我們以前不斷在投入「研究市場需求，評估是否合乎經濟理性，並在有限成本內想方設法獲取利益」的活動，這項活動在高原社會中已經宣告遊戲結束了。

藝術家基於自己的衝動投入創作，以後每個人也要基於自己的衝動參與商業經濟，集體雕塑名為社會的作品，活出藝術家的人生。

衝動是社會創新的動力

多數人都有社會雕塑家的自覺，多數人都參與社會建設與實踐幸福後，高原社會才能在本質的意義上變得更豐饒、生機盎然，充滿愛與慰藉。

這些活動大致歸納起來，就是第二章開頭提到的兩點——

1. 解決社會議題（實踐社會創新）：解決經濟理性極限曲線外側，懸而未解的問題。
2. 創造文化價值（實現文化創意）：生產讓高原社會值得活的事物。

在普遍性問題大多得到解決的高原社會中，我們的工作只剩下上述兩項了。實踐這兩項活動時，絕對需要找回 Consummatory 的感受力，因為透過「經濟理性」未必能夠推動這兩項活動。

接著我們來討論這兩項活動吧。

首先第一點是「解決社會議題」。

Consummatory 的思考模式、行為模式深入社會之後，社會創新應該會繼續被推進，因為有一群人會投入新創事業解決社會議題，他們的動力一定都是「無法撒手不管，很想解決這個問題」的衝動。

我二〇一三年出版了《如何打造全世界最創新的組織》（世界で最もイノベーティブな組織の作り方），撰書的過程中我訪問了大約七十人，包括史蒂夫・沃茲尼克（Stephen Gary Wozniak）等在全球得到高度評價的新創人物，當時我發現一個有點喜劇性的結果：沒有人是為了創新而開始創新。他們投入工作的動機並不是「我想要創新」，而是先有「我想幫助這些人」、「實現這件事一定很棒」的衝動，才產生動力投入這些工作。

重點在於這些新創人物不只是仰賴「這樣做可以賺錢」的經濟理性意圖，他們都有一種「不能坐視不理」、「不做這個會活不下去」的強烈衝動——這在藝術家身上也很常見——是衝動讓他們實踐了新創事業。

我查了過去的新創案例，發現核心理念與創意的萌芽，幾乎都會有超越經濟理性的「衝動」存在。

拉坦・塔塔[5]，在大雨的德里郊外，他看到機車騎士載著年幼的兩個小孩，因此覺得「我需要製造他們買得起，便宜又安全的汽車」。

安藤百福[6]，在天寒地凍的冬天夜裡，他看到大人帶著小孩在拉麵攤販的排隊隊伍中打顫，因此他心想「希望能讓他們在自家隨手吃到美味的拉麵」。

史蒂夫・賈伯斯（Steve Jobs），他參觀全錄的帕羅奧多研究中心，接觸到宣傳「電腦的未來」的展示品後，連聲大喊：「這是革命！你們不懂這有多厲害嗎！」

約納斯・沙克[7]，二十世紀前半，小兒麻痺[8]常常在全球大流行，奪走許多孩子的性命，他一生奉獻開發疫苗希望能撲滅這個疾病，後來也沒有申請專利，以疫苗的普及為要務。

這種「超越經濟理性的衝動」常見於藝術家的創作活動，但是企業家身上也常常能觀察到同樣的心理。現在的商業經濟脈絡中常常討論「藝術思維」與商業經濟的交集何在，交集就在這個地方。高原社會殘存的問題未必都符合經濟理性，生意人想要解決這些問題，就需要有和藝術家同樣的心理特質。

讓衝動重新駭入體制

濱市立大學名譽教授加藤彰彥老師長年投入社會福利活動，他在最後一堂課上說出了「社福是衝動」這句話，我想應該沒有人會把「社福」聯想到「衝動」吧？這句話是什麼意思呢？

社福活動的第一線並不是那麼光鮮亮麗的，我們聽到「投入社福活動」時常常會有個刻板印象，以為他們「出於正義感與義務感，一馬當先肩負起艱辛的工作」，但是加藤老師長年投入社福活動，他知道第一線有多殘酷，卻還是說「社福是衝動」。

加藤老師的意思是，讓人投入其中的根本理由，不是我們以為的義務感或正義感，而是看到別人有難就想伸出援手的「衝動」，想和這樣的人一起活下去的「衝動」。

另外，吉藤健太朗先生也是出於衝動開發了分身機器人「Ori Hime」，讓因為疾病或身體障礙難以出門的人，能夠用他們的分身機器人隨心所欲去任何想去的地方，如同親臨現場一樣在現場進行溝通，讓全球有更多人以分身參與社會。

吉藤先生投身這項活動的理由相當簡單，「我不希望有更多人像以前的我一樣痛苦」。

吉藤先生說自己小學到國中有幾年逃學的經驗，當時體會到了地獄般的孤獨滋味，他的衝動是希望孩子們不會經歷他自己經歷過的痛苦，讓孤獨從社會上消失，這個衝動是他研究開發的巨大動力。

我前面也提過，凱因斯在他的主要著作《就業、利息和貨幣一般理論》中指出，驅動經濟的不是「數學期望值這類的理性原因」，而是「人性本能的衝動」。凱因斯活在十九世紀後半到二十世紀前半，這個時期發生了第二次工業革命，人類史上最具影響力的新創活動也連番出現，活在這個時代的凱因斯，卻將「人性本能的衝動」列為促進革新的第一因素。

另一方面，回顧當今商業經濟的世界，我們會發現在評估新事業發展性的時候，決策根據總是需要有很嚴謹的「期望值」或「量化利益與量化機率的加權平均」。而且越是菁英，越是受過高等教育的人，就越容易受到這種規定的強烈制約。如果從有效利用社會資源的角度來思考，總體的機會成本真是高得嚇人。

我想先澄清一下，我並不是在否定這樣的能力，問題的癥結點在於「人性本能的衝動」為主，「檢驗合理性的技能」為從，但是前者被後者駭入後，主從關係就反轉了。人類演化之今，一直都是由「名為衝動的主人」妥善使喚「名為技能的僕人」，但是在反從為主之後，變成「篡位的技能扼殺了衝動」的狀態，這就是現在經濟體制的問題，所以我們需要再次反轉主從關係，「讓衝動重新駭入體制」。

這個論點換句話說就是「Business as Art」，意即藝術家出於衝動投入創作，我們也可以出於自己的衝動，參與各自的活動。

從文明價值轉型爲文化價值

接著我們來討論高原社會的第二項活動「創造文化價值」。把商業經濟當作一項藝術活動，代表商業經濟產出的價值會從**「文明的豐饒」**大幅轉型為**「文化的豐饒」**。

本書第一章討論過，地球的文明化已經進入結束階段，需求、空間、人口這三項物理限制讓我們開始面對「成長的極限」。如果想突破限制以無限的經濟成長為目標，很容易淪為歌頌「多消費，多丟棄」這種奢侈、散財的價值觀，前面也說過，這種價值觀並沒有永續性。我們能在限制中找到折衷辦法，為社會創造出新價值嗎？這個問題給了我靈感，我發現也許「文化創造」做得到。

我在第二章提過，桑巴特把奢侈分成兩類，一種是「用黃金打造富麗堂皇的聖殿獻給神明」，一種是「為自己訂製絲綢華服」，而我所謂的「創造文化價值」在桑巴特的比喻中，毫無疑問就是「建設大教堂」這一類。這種奢侈絕對不會被消費殆盡，不但永遠為他者敞開大門，也孕育出豐饒。

我想參照一個價值產出轉型的成功案例，就是日本的武將織田信長。織田信長可能是史上第一個發現日本戰國時代為什麼本質上永遠不會結束的人。

在戰國時代，決定武將位階的重要指標是「石高」，也就是「擁有耕地的大小」。耕地大小之所以構成問題，是因為當時的經濟規模與耕地面積幾乎成正比，信長認為這會是打下治世的阻礙。

這是什麼意思呢？日本是島國，國土不容易擴張，而且九成的土地是山地和丘陵地形，適合耕作的平地只有一成左右。這代表「耕地大小」之爭，勢必會成為「你消我長，你長我消」的零和賽局。只有信長注意到這是「戰國時代永遠不會結束」的根本原因。

信長發現，即便自己真的統一天下了，依然無法解決這個問題，當他分封領地給自己麾下有功的武將，其他武將或自己的領地勢必就會減少，在這個情況下，社會根本無法長治久安。

最終信長以非常聰明的方式解決了這個問題。

他是怎麼做到的？他用的就是「茶道」。

茶道本來就是信長的興趣，他用茶器交換山和城池，成功創造出莫大的價值空間，可以說是創造出了一種貨幣。

武將看到信長帶頭追求名品也跟著爭先恐後蒐集名品，使茶器的價值飆升到天文數字，結果一個茶碗就擁有足以交換領地和城池的價值了。

一如信長所願，他沒有受制於有限土地的零和賽局，他像是在鍊金術一樣，創造出了新的價值。

「不被消費」的價值

有趣的是，當時產出的許多名品到了現在依然擁有巨大的經濟價值。

二〇一六年九月十五日，佳士得，舉辦的拍賣會中，黑田家持有的「油滴天目茶碗」以一千一百七十美元（依當時的匯率換算約十二億日元）被標了下來。需要特別注意的是，這個價格絕對不是「消費的對價」，這裡顯示出桑巴特說的「絲綢華服」與「富麗堂皇的聖殿」之間，本質性的差異。

我們總是以為物品的價格是「消費的對價」，但是這樣的認知只是建立在「文明的便利性」上，從「文化意義」的角度來說是不一定的。油滴天目茶碗是八百年前製作的東西，如今依然存在，代表它「沒有被消費」，這是讓「環境負荷」問題與「價值產出」問題得以兼顧的重要關鍵。

錫耶納大教堂的鐘塔建於七百年前，油滴天目茶碗是八百年前燒製的，這些文物在這段期間沒有排放二氧化碳，而且持續帶給每個看到、摸到的人人性本能的強烈喜悅。回過頭來看，生在二十世紀初的我們殫精竭慮產出的幾乎所有文物，都會在幾年內進垃圾廠，這讓我不禁懷疑，我們人類真的有在進步嗎？

我來歸納一下重點：

我認為在需求、空間、人口皆有限的世界裡，想要創造出巨大的經濟價值，只有「文化價值」這個途徑。在文明化已經結束的世界裡，過剩的文明化並不會帶來財富。

但是「文化價值的創造」就不一定了，意義價值是無限的，因此未來依然可以創造出無限的價值，這樣的價值也不會牽涉到資源和環境等有限性問題。在文明化結束的世界，如果人們對於人生追求的是 Consummatory 喜悅與文化的豐饒，往後的價值創造就必須從「文明性豐饒」轉型為「文化性豐饒」。

勞動＋酬勞＝活動

我們參與的活動，從獲得經濟利益的 Instrumental 手段，轉型成投入就會獲得喜悅的 Consummatory 活動後，「生產與消費」、「勞動與酬勞」在社會上的關係也會產生劇變吧。

我們都認為「先有生產，才有消費」，認為「先有勞動，才有酬勞」，不過這完全是 Instrumental 的思維，不但有明確的手段與目的關係，時序也有先後之分。

但是在「高原社會」裡，這些關係已經不再那麼明確了，因為 Consummatory 的定義是「行為即酬勞」，就這個定義來看，「生產與消費」或「勞動與酬勞」已經不再涇渭分明。

我們常常認為「勞動」與「玩樂」是完全相反的行為，可是只要行為主體換個角度看，也可能會發現兩者其實是一體兩面。醫學博士養老孟司老師以前說過，每年都應該讓東京的上班族換個地方工作一次，意思就是讓他們每年有一段時間去地方種田。

聽到這裡或許有人會覺得「在這個自由民主的時代講這種話太過時了吧」，但其實這也沒什麼，如果法國人聽到了，他們應該說「喔喔，放假嗎？真棒」。

講「種田」就是「勞動」，但是講「蒔花弄草」就是「玩樂」了。在過去的社會中，無論釣魚或狩獵都是貨真價實的勞動，進入當代社會這些就轉為陶冶性情的「玩樂」了。

反過來說，研究、創作、書寫、園藝、運動在過去都是只有貴族可以從事的閒暇娛樂，到了現在社會，這些活動幾乎都被認為是可以產生某些經濟價值的「勞動」了。

狩獵是最典型的例子，過去的狩獵可能會讓人喪命，是種殘酷又嚴苛的勞動，現在卻變成最富裕的人才能參與的高雅遊戲。倫敦的柯芬園有一家名為「Rules」的美味肉料理餐廳，他們的「野味」（以狩獵獲得天然的野生鳥獸食用肉）菜色中，寫著「GAME」幾個字。他們以「遊戲」來描述以前殘酷的「狩獵」活動。

勞動與玩樂的界線在當代世界已經很模糊了，端看行為主體以什麼角度來詮釋。

玩樂與勞動的一體化

玩樂與勞動一體化的Consummatory經濟已經顯現在社會的某些地方了，我在前作《成為新人類：24個明日菁英的嶄新定義》中也提過，現在社會中，越是在第一線大展伸手的人，他們「玩樂與工作」的界線就越模糊。這當然也有「以玩樂賺錢」的意思，不過更重要的意義是「工作內容即酬勞，當下就會得到回饋」。如果勞動和酬勞一體化，勞動的概念也會轉變，這可能是人類史上的革命性轉捩點吧。

以前我們對勞動的認知非常Instrumental，就是「經過千辛萬苦的勞動後，得到相對應的酬勞」。但是這種勞動觀在即將到來的高原社會中會被解體、棄用，玩樂與勞動會渾然一體，變得Consummatory。

我會這樣提議，是因為我覺得目前這已經是個很大的社會議題了。一九六四年，《紐約時報》邀請當時名聲響亮的科幻作家以撒．艾西莫夫[10]寫一篇專文，預測五十年後，也就是二〇一四年的世界博覽會是什麼情況。艾西莫夫不愧是名留青史的科幻小說家，他的先見之明讓人印象深刻，他預測了類似我們認知中的圖靈機、掃地機器人、無人駕駛車，也很天馬行空地預測了現在的技術水準都難以實現的東西，比方說「用酵母菌和藻類製作的七面鳥與牛排」等等。

艾西莫夫提出的清單通篇都是用正面的語氣，陳述科學和技術的進步會帶來更方便舒適的世界，只有一個地方帶有隱憂，給予現在的我們重大的啟示。這個隱憂就是「無聊的蔓延」[11]，艾西莫夫預測，科技會讓許多工作自動化，很多人的工作變成「監管機器的乏味作業」，只有少部分的菁英能夠從事創造性的工作。

艾西莫夫的專文以下面這一段文字作結：

> 就我想像所及二〇一四年最負面的預測，就是在被迫無事可做的社會中，「工作」成爲最吸引人的詞彙！
>
> 以撒．艾西莫夫《紐約時報》一九六四年八月十六日專文

我們是先認知「勞動」，再把「閒暇」擺放到「勞動」的相對位置上。「閒暇」這個詞沒有實際意義，我們只能單純以「非勞動時間」的形式來描述，因此閒暇是沒有內涵的概念。

既然勞動是避之唯恐不及的，「非勞動時間」自然就是求之不得的。

沒有「勞動」的社會就沒有「閒暇」

我們總覺得「閒暇」有種浪漫又奢侈的感覺，但這種模糊的感覺只是假象，只是我們對於「勞動很艱辛」的反面認識。「閒暇」的概念是被「勞動」所規定的，如果勞動變成正面的概念，閒暇勢必會變得負面。經過這樣的思考，艾西莫夫擔心在「被迫無事可做」的反烏托邦中，「勞動變成最引人的東西」。

艾西莫夫所說的「被迫無事可做」就是我們現在所說的「失業」。本書第一章討論過，如果在需求飽和的高原社會推動新創事業提升生產力，勢必就會造成失業。

「沒有勞動，只有閒暇的世界」可能是過去很多人夢寐以求的烏托邦，但是如果換句話說是「所有人都失業的世界」，這就是比停滯更停滯的反烏托邦了，人們在這樣的社會裡很難活得有充實感吧。一如前述，「閒暇」其實只是「勞動」的相反概念而已，沒有勞動的社會就沒有閒暇。

這代表「只有閒暇的社會」是不會存在的。如果將我們一切活動以二分框架歸類為「勞動」或「閒暇」，就是認為勞動很艱辛，勞動只是為了獲得「不必勞動的時間（閒暇）」的手段，這是建立在 instrumental 世界觀的思考模式。

另一方面，高原社會的勞動觀是「勞動本身就是酬勞，勞動主體在勞動中就會得到回饋」，這與過往的勞動觀截然不同。在這樣的世界裡，「勞動與酬勞」或「生產與消費」會合為一體，思維模式從 Instrumental 的「為了未來，熬過痛苦的現在」轉換成 Consummatory 的「為了此刻的充實而活在當下」。

Consummatory 與化境

當我們的思考與行為模式可以從 Instrumental 的「為了明天，熬過今天的辛苦勞動」，轉換為 Consummatory 的「為了今天的充實感，從事自己熱衷的工作」，個體的創造力一定也會大有成就。我想引用正向心理學的創始人之一，匈牙利出身的美國心理學家米哈里・契克森米哈伊（Mihaly Csikszentmihalyi）提出的理論來說明。

人類在將自己的創造力發揮到極限，並覺得人生很充實的時候，會是什麼狀態？這是契克森米哈伊在研究中探究的「論點」。契克森米哈伊在TED中表示，他看到故土匈牙利的人民在第二次世界大戰後的荒蕪之中感覺生命的空虛，看到他們整體社會墮入失望與不幸的谷底，於是他設定了這個研究問題。

契克森米哈伊用了非常單純的研究方法來回答這個問題，他大量採訪工作成就非凡、世界馳名的藝術家、音樂家、作家、研究者、外科醫生、經營者、運動員、西洋棋選手等人。

在採訪中，契克森米哈伊發現了一件事，不同領域的專家翹楚在工作進入最佳狀態時，常常會以「Flow（心流）」這個詞來描述自己的狀態。契克森米哈伊直接引用這些專家的用詞進行了假設，也就是廣為後人所知的「心流理論」。

他認為，心流狀態就是「化境」狀態，進入這個狀態會發生下列九個現象：

1、整個過程的每個階段都有明確的議題。

2、行動都會有立即的回饋。

3、挑戰與能力相符。

4、行為與意識一致。
5、分心的因素會被排除在意識之外。
6、對於失敗的不安會從意識中消失。
7、自我意識消失。
8、時間感消失。
9、活動與目的一體化。

讀到這裡，相信各位也都知道了。沒錯，以契克森米哈伊的話來說，Consummatory 狀態與「心流狀態」幾乎同義。

有人擔心思考模式與行為模式從 Instrumental 的「犧牲現在成就未來」轉換為 Consummatory，會使得社會疲弱、自甘墮落，但是如果能夠將創造力發揮到極限的人物，在工作進入最佳狀態時就是 Consummatory 狀態，這樣的擔憂就是杞人憂天，而且實際上反而是正好相反。

契克森米哈伊寫了下列的一段話：

有創造力的人在方方面面上各有不同，不過對於某一件事他們都抱持同樣的意見，就是他們深愛自己的工作。名聲或財富並不是他們的動力來源，可以得到樂趣的工作機會才是。

雅各布．拉比諾夫(Jacob Rabinow)曾說：「人類是因爲發明很有趣才去發明東西，我從事某個工作前也不會先去想『要怎麼賺錢』。這個世界確實很殘酷，金錢也很重要，但是如果只能選擇自己開心的事或者可以賺錢的事，我們都會選擇前者吧。」

小說家納吉布．馬哈福茲(Naguib Mahfouz)以更爲優雅的語氣肯定這句話：「我喜歡工作本身，更勝於工作帶來的產物，我投入工作是不計結果的。」在所有的訪問中，我們都能看到與此如出一轍的心理。

米哈里．契克森米哈伊《創造力》

拉比諾夫和馬哈福茲的共通點是：「工作的酬勞來自工作本身，而不是工作的產物」，而契克森米哈伊則說這一點就是「所有他採訪的具有創造力的人，唯一的共通點」。

看完契克森米哈伊一系列的創造力研究，我覺得我們人體內建一種生理程式，在我們將創造力發揮到極限的時候，就會感覺到肉體上的快樂。

被消磨殆盡的「幸福感受力」

契克森米哈伊以演化的觀點說明了自己的假設。

假設你是造物主，你要在地球上創造新生命，你預期地球會發生火山爆發、海嘯等等各式各樣的災難，希望給予新生命對付災難的身體與精神力，但是你又無法預知所有可能的災難（如果是造物主也許可以，但這裡先假設沒有辦法）。因此你在新生命身上不只要安裝已知的有用方法，還要安裝一種程式，當人在錯誤中摸索時這個程式會讓人產生「快感」，於是有創意的點子或行為就更有可能發生。

契克森米哈伊的假設是，「發揮創造力」、「熱衷投入」之所以會帶來肉體的快樂，是因為具有這種特質的個體比較利於生存與繁殖。

如果我們無法專注於此時此刻，無法感到愉悅，沒有進入Consummatory狀態，就代表我們沒有充分發揮自己的創造力與生產力。

這同時意謂著我們的「幸福感受力」是提升創造力與生產力的關鍵，但是契克森米哈伊感嘆，大多數的人都在消磨這種感受力。

令人驚訝的是，大部分的人對於自己的感受都理解得非常少，甚至有些人根本說不出自己這輩子是否感覺過幸福，如果感覺過，那又是在什麼時候、在哪裡發生的。他們的一生就在平凡無奇的經驗與漠不關心的迷霧中，變成一連串幾乎無法辨識的事件，然後消逝而去。

相對於這種慢性漠不關心的狀態，有創造力的人們非常熟悉自己的感受，他們總是理解自己的行爲出於什麼理由，他們對痛覺、無聊、喜悅、興趣與其他感受極爲敏感，他們一覺得無聊，就會馬上收拾行李離開現場，一產生興趣，就會馬上參與其中。

米哈里．契克森米哈伊《創造力》

許多人都以為創造力是「與認知有關的能力」，因此我們會看到「思考術」這種標題，看到創造力被以「認知、思考技術」的角度歸納或詮釋。不過看完契克森米哈伊的說明，就會很清楚創造力其實是「與感受有關的能力」。

有創造力的人具有豐富的幸福感受力，他們願意參與自己有興趣或喜歡的事，但是一覺得工作無聊，就會「馬上收拾行李離開現場」。這種行為在日本是被批判為「任意妄為」的典型例子，不過契克森米哈伊認為這種思考模式、行為模式才是有創造力的人「唯一共通的特色」。

然而回過頭來看日本的情況，有很多人嘴上抱怨著「好無聊，好無謂」卻不去找新工作，不會在現職中找到意義，只是日復一日虛度自己無可取代的一生。我認為，這可以說是實現高原社會的最大阻礙。

超過九成的人都在浪費無可取代的人生

本書的第一章指出，我們社會已經解決普遍性的物質問題，這場遊戲已經落幕了。參與已經結束的遊戲本來就得不到充實感，可是從各種統計資料可以發現，不知道為什麼還是有非常多人嘴上抱怨「好無聊，好無謂」卻依然繼續投入其中。

我在前作《成為新人類：24個明日菁英的嶄新定義》中也提過這個統計，美國最大的員工意向調查公司蓋洛普（Gallup）提出，全世界平均只有百分之十五的員工，回答自己「積極投入工作」。

這個數字已經夠讓人驚訝了，更慘的是日本，竟然只有百分之六[12]。大家都知道整體來說，日本在這種調查中的數據會偏低，可是實際看到這個數字，還是讓人不得不承認「確實出了什麼問題」。在契克森米哈伊的訪問中，無聊的工作會讓有創造力的人「馬上收拾行李離開現場」，但是超過九成的人都在為了無聊工作浪費自己無可取代的人生。這實在是非常悲慘的情況，真的是個「社會議題」了。

想要將我們高原社會中的勞動從以前的Instrumental轉型為Consummatory，關鍵就在於「幸福感受力」。我們長期受到學校與職場的洗腦說「熬過這些苦難，美好的未來就在前方等著你」，因此「感受當下幸福」的能力已經被消磨得體無完膚了。

這種敏銳的感受力會讓人產生「馬上逃離無聊的狀況」的衝動，於是出於衝動採取的行動往往會被嚴懲與禁止。

結果幸福感受力的天線電路被截斷，我們也學到「成為服膺規範的機器人可以獲取最大利益」這件事，不過只要無法恢復感受力，就無法恢復Consummatory狀態。

多方嘗試

我在前面的篇幅提了一個高原社會的願景：所有人都誠實面對自己的喜怒哀樂，所有人都以自己願意認真投入的工作為業，工作的喜悅與趣味就是我們的酬勞。

對於這個提議，應該會有人疑惑地說「這樣的社會確實很美好，可是我實際回顧了自己，發現我根本不知道自己想要投入什麼活動」。

就算恢復了幸福感受力，我們還是無法預知自己會不會想要投入從來沒做過的事，既然如此，要怎麼找到自己熱愛的工作呢？

答案只有一個。

先做就對了。

簡單來說就是這一句話。我有個預防醫學者朋友石川善樹，他的興趣很廣泛，在哈佛大學留學的時候，不太清楚要怎麼把興趣排先後順序，猶豫了很久他去找指導教授商量，教授建議他：「有興趣的全都去試試看，沒興趣的也全都去試試看。」聽起來是很誇張的建議，不過這就是「先做就對了」的意思。

我們深陷在「為了未來，把現在當作工具」的 Instrumental 思考模式之中，因此總是會認為不要繞路、以最短距離筆直邁向目標才是「正確的人生」。然而如果日復一日照著這樣的人生安排走，排除所有被視為浪費的活動，也有可能一併排除真正熱愛的活動，失去偶然遇見的機會。如今在這種勞動觀的宰制之下，我們的生命已經變成殺氣騰騰的競賽，我們絕對不能把這樣的問題，帶進即將到來的高原社會。

尤其日本有一個問題是「成功者的典範形象」非常單一，「成功」的概念也無比狹隘，所有人都要站成一排，彼此競爭贏取更高的階序，陷入充滿摩擦與衝突的狀態。我所說的「扁平的成功者形象」指的是「從明星大學畢業，任職於明星企業，認真工作提高年薪，住在東京市區的高級大廈中，開著高級進口車，過著貴族生活」這種形象，如果走火入魔地想要實踐這樣的形象，所有無助於達成結果的活動都是「浪費」，都會被捨棄，從結果來說，可能讓我們錯失了機會，找不到本質意義上「更豐饒更屬於自己的人生」。

人生需要「浪費」與「揮霍」

查爾斯．林德伯格（Charles Lindbergh）是首位成功完成單人不著陸飛行橫跨大西洋的飛行員，他的妻子安妮．莫洛．林德伯格（Anne Morrow Lindbergh）也以女性飛行員的身分活動，留下了精彩的遊記隨筆，她說過一句話：

想要找到人生，就要浪費人生。

她的隨筆中到處都暗藏著綻放柔和光芒，如寶石一般的文句，而這句又是其中堪稱最晶瑩剔透的一句話。我們對於「浪費」或「揮霍」這一類的詞抱有非常負面的印象，可是她說，浪費，才能讓我們找到屬於自己的人生，因為「人生」是無法用理性、預測、有效率的方式尋找的。

我們沒有辦法預知自己會熱愛什麼事物，「熱愛」本來就是種「心理狀態」，無法透過理性來預測。一如契克森米哈伊所說，很多人終其一生都找不到自己熱愛的事物，這件事之所以如此困難，是因為即便你絞盡腦汁也不會找到答案，一定要在多方嘗試之後，透過身體的感覺才掌握得住，才會有頭緒。這和我們平常聽過的、想像中的「知性」極為不同，這需要的是「身體的知性」。

自己熱愛什麼事，終究要試了之後才會知道。林德伯格指出，就算不知道一件事能夠派上什麼用場，還是需要先浪費、揮霍許多時間和勞力，才能找到「人生」，這個觀點已經得到許多職涯理論的證實了。

職涯發展的契機

成功人士都是怎麼構思職涯策略，又是如何執行的呢？第一個正式對此進行研究的是史丹佛大學的教育學、心理學教授約翰．克倫伯特茲（John Krumboltz），他以數百名美國商務人士為調查對象，結果發現成功人士的職涯發展契機，有百分之八十純屬偶然。這並不是代表80％的他們都沒有職涯規畫，只是說職涯規畫之外的各種偶然，讓他們最後抵達了世人眼中的「成功者」寶座。

克倫伯特茲透過這個調查結果，歸納出「善用機緣論（planned happenstance theory）」，他認為職涯是偶然成形的，設定中長期的目標努力反而很危險，努力應該用在招來「好運」的計畫與習慣上。他說我們的職涯是無法縝密規畫的，職涯會受到無法預期的偶發性事件而左右。那麼需要什麼條件才能招來「好運」，幫助自己發展職涯？先來看看提出善用機緣論的克倫伯特茲所舉出的要點。

- 好奇心：除了自己的專業領域，也拓展各種領域的視野，關心各種領域，增加自己職涯的機會
- 毅力：就算一開始不順利也能持之以恆，促使偶發事件與機緣發生，增加新發展的可能性
- 彈性：世事難料，處理既定事項時依然保有彈性，因此能掌握機會。
- 樂觀：遇到不盡人意的調職或逆境依然樂觀以對，當作是自己成長的機會，因此能拓寬自己的職涯之路
- 承擔風險：挑戰未知時勢必會遭遇失敗與不順遂，但是願意積極冒險就能得到機會

圖 15：主要已開發國家同公司年資的勞動人口組成比

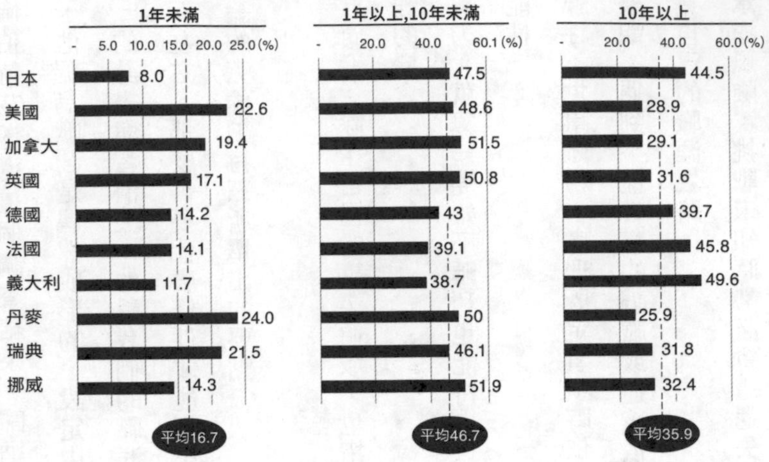

把克倫伯特茲的論點與前面的林德伯格參照來看，就會發現想要找到真正屬於自己的人生，需要積極去投入所謂「浪費時間、揮霍人生」的活動。

把克倫伯特茲的研究結果與日本現在的就業情況對照來看，會發現一個重大的問題。請見圖15，這是主要已開發國家的勞動人口在同一間公司的年資比。

看了數據就知道，日本「一年以下」的比例遠少於平均數字。

簡單來說，這意謂著「日本人傾向在同一間公司工作很久」。被「從一而終」、「忍久了就是你的」這種老舊價值觀困住的人，可能會很樂見這種情況，但是如果想要「多方嘗試，找到自己的人生」，這就會是巨大的阻礙。

尤其未來又是百歲人生的時代，許多人有生之年都需要轉職幾次，因此一個人有沒有多方嘗試，有沒有認真理解自己熱愛什麼活動或對什麼活動無感，都會劇烈影響人生的豐實程度。

Instrumental思維會引發悲劇

或許有些人擔心，人們的行為模式、思考模式從Instrumental轉型為Consummatory後，社會是不是會因而停滯。人的生產力之所以會提升，確實是因為努力「犧牲現在，成就未來」，要是未來和現在都消失了，只聽從「此時此刻」的愉悅與衝動，照理說只會製造出疲弱又自甘墮落的社會，這樣的推論還算有說服力。

但是對於這樣的疑慮，我會堅定地回答「不必擔心」。因為有史以來，從來沒有任何組織或個人基於「犧牲現在成就未來」的思維，創造出什麼偉大的價值。

不對，這樣講並不準確，正好相反，「犧牲現在成就未來」的思維反而使得人類造成了許多悲劇性的破壞。

二十世紀比過去的任何一個世紀都有更多的「人殺人」，這些殺戮的背後總是有「為了未來，把現在當作工具」這種Instrumental的意識形態。

納粹主義、史達林主義、波布政權、日本赤軍、奧姆真理教等等相關團體的目標都是「否定當代世界，打造理想世界」，他們的共通點在於「認為或多或少的犧牲在所難免」。俄國革命的領導人列寧肯定暴力革命，他留下了「想做煎蛋卷就必須把蛋打破」這句話，從「犧牲現在，成就未來」的觀點來看，這是極致Instrumental的思考模式。

在日本高度經濟成長期發生的重大社會問題，如水俁病這類的公害也一樣，水俁病引發了嚴重的悲慘症狀，一九五六年就幾乎確定元兇是新日本窒素肥料的肥料工廠排放的廢水，一九五九年，時任的厚生大臣（衛生部長）在國會中報告「水俁病的原因出在新日本窒素肥料水俁工廠排放的有機水銀化合物」。一般認為如果此時馬上勒令工廠停業，患者人數可以減少不知道幾分之一，但是政府沒有這樣做。

為什麼不這樣做？在厚生大臣答覆完的隔天，時任的通產大臣（經濟部長）池田勇人在內閣會議中，提出破格的反駁說「把水俣病歸咎到新日本窒素肥料的廢水言之過早」，結果在強力的政策考量之下，工廠停業一事被擱置了。

後來將近有十年的期間，新日本窒素肥料的水俣工廠持續將有機水銀的工業廢水排進水俣灣，直到一九六九年不需要工廠而勒令停業為止。這也是「犧牲現在，成就更好的未來」的思考模式在作祟。

大家都知道池田政權的口號是「所得倍增計畫」，這項政策需要「將人口從農村導向工業地區」，而且「以化學肥料帶動農業生產力」是不可或缺的。

照理說政府應該要勒令工廠停業，池田勇人卻幾乎是睜眼說瞎話表示「言之過早」，因為他認為如果要實現所得倍增計畫，「或多或少的犧牲在所難免」。從這個例子我們可以再次發現，「犧牲無法重來的生命尊嚴，成就未來」的Instrumental思維，造成了無法挽回的悲劇性破壞。

阻礙衝動的因素

「讓孩子來到我身邊，不要妨礙他們，因爲在神國的就是這樣的人。我明白告訴你們，若非如孩子一般爲神國所接受的，絕對無法進來。」於是耶穌抱著小孩子，按著他們的手爲他們祝福。

《馬可福音》10:13

人性本能的衝動能不能成為高原的經濟活動？思考這個問題時會發現有一個可能的重大阻礙，就是我們無意間拿來約束自己的規範。在讓衝動驅使自己之前，我們要先意識到規範如何扼殺心理，又要在掙脫規範的同時思考如何在社會規範容許的範圍中找到平衡點，但是這件事是做得到的嗎？

昭和時期的代表思想家吉本隆明，他的代表作是《共同幻想論》，他在書中介紹了柳田國男《遠野物語拾遺》（一九三五年）中出現的兩則傳說：

一、孩子們搬出了村裡的馬頭觀音像，一下滾動觀音像，一下跨坐在上面，官員見狀斥責了他們，當晚卻馬上生了病。官員問了巫女，才知道是觀音和孩子們玩得正在興頭上，他卻從中作梗，讓觀音不悅了。官員致歉後，身體才終於痊癒。

二、遠野的某間廟堂中有座古老的佛像，鄰人男子見孩子們把佛像當馬騎，斥責他們褻瀆神佛，結果他當晚就發燒病了。神明托夢表示，祂與孩子玩得正開心，不滿他厲聲斥責孩子，於是男子拜託巫女，承諾以後會多加注意，後來他的身體就痊癒了。

在讀了這兩則傳說後，各位讀者內心深處應該有種難以名狀的感覺吧。這兩則傳說吉本隆明是以他獨特的「對幻想」理論來分析，不過我想就前面提到的「衝動與規範」關係來討論。

吉本隆明只舉了《遠野物語拾遺》的上述兩則傳說，不過《遠野物語拾遺》中其實收錄了五則相同的傳說。

故事的骨幹都大同小異，一定會有「值得敬畏的對象」，以前面的例子來說就是觀音或佛像，孩子會搬出這些東西玩耍，然後會有斥責他們的大人出現。就一般的社會規範來看，大人做的當然是「好事」，但是神奇的是，斥責孩子的大人後來都發了高燒，遇到不幸的事。毫無頭緒的大人不知道這是什麼懲罰，在高燒或夢魘之中，透過托夢或巫女這種跨境界的媒介，發現「值得敬畏的對象」因為大人「干擾孩子與祂們玩樂」而憤怒，在大人道歉後，終於免於這場災難。

民間傳說與「重要教誨」的共通點

這些故事到底想表達什麼？應該有人讀了會覺得這只是荒誕無稽的民間傳說，沒有什麼深層的意義，這樣想就大錯特錯了。我現在在向各位訴說這些傳說，遠古時代也有數不清的人持續傳頌這些故事，這些故事都經過了「民間故事的自然淘汰」之後留了下來。而且留下來的還不只一則，好幾則骨幹大同小異的傳說都留了下來。

這樣的故事想必隱含了建構我們文化基底的價值觀與禁忌，講白話一點，故事中藏有

「重要的教誨」。

我稍微離題一下，在日本指揮第二次世界大戰諜報活動的理查・佐爾格（Richard Sorge）[13]是蘇聯共產黨的間諜，他確定要赴任日本的時候，馬上開始蒐集「日本的神話」，透過大量閱讀神話，理解日本人的精神樣貌。英國大使巴夏禮（Harry Parkes）[14]也做了一樣的事。無論是間諜活動或外交談判，如果只是照程序上的規定走，勢必都會窒礙難行，他們需要從事這種無法按表操課的工作，神話就是深入理解日本人精神面貌的線索，因此他們仰賴了日本文化精華的神話。

偽善的規範才是最大的阻礙

回歸正題，這些故事想要告訴我們的是什麼？

故事可以有很多種詮釋，沒有所謂的正確答案，不過我認為這些故事想傳達的是「無邪的衝動受到偽善威脅的危險性」。孩子搬出佛像或觀音像玩樂是一種「無邪的衝動」，換成我前面的用語就是Consummatory，其中並沒有功利或工具性的盤算。神明與「無邪且純淨的衝動」嬉戲，並且感到愉悅，完全就是「神的孩子都在跳舞」。

沒想到大人卻責怪孩子，認為「佛像很重要，觀音是用來拜的」，他們以人類的規範和既有觀念訓斥了小孩。大人的行為表面上是出於對神佛的敬愛，但是實際上真的是嗎？倘若大人是基於求保佑或求他人肯定的意圖，把「神佛是用來尊敬參拜的」這種規範強加在小孩身上，這種意圖用我前面的話來說就是 Instrumental，這種偽善的規範才是真的邪惡。

在無意識的地底下長出了盤根錯節的 Instrumental 意圖，他們不但沒有覺察到，還義正嚴詞合理化意識地表上開枝散葉的規範與觀念。純潔無邪的孩子明明是出於 Consummatory 衝動才與神佛嬉戲，他們卻加以斥責，這不就是「邪惡的 Instrumental 規範」驅逐了「無邪的 Consummatory 衝動」嗎？我認為這就是這些傳說對後世的教誨。

在前面的故事中，觀音與佛像使用的語言是「不悅」、「不滿」，我覺得這部分也非常有趣。神明曉諭的內容並不是「你錯了」、「你有問題」，祂們就像找碴的黑道一樣說「我很不滿」，從某個角度來說是很沒道理的，但是「沒道理」反而有很重要的意義。

領導力學中常在講「訓誡」和「罵人」是不一樣的，冷靜地「訓誡」是好的，情緒化地「罵人」是不好的，但是神明在故事中毫無疑問是在「罵人」吧。無邪又純潔的孩子玩樂到一半被打斷會氣噗噗，神佛也是氣噗噗地罵人，神明真是可愛啊。

「創造是一場遊戲」

尼采針對 Consummatory 衝動與 Instrumental 規範之間的齟齬也有很有趣的討論。尼采認為我們的精神是依照「駱駝」、「獅子」、「嬰兒」的順序發展：

> 我要對你們闡述精神的三種變化，我要講的是精神怎麼變成駱駝，又從駱駝變成獅子，再從獅子變成嬰兒。
>
> 弗里德里希．尼采《查拉圖斯特拉如是說》

以前述的觀念來說明，駱駝是毫無批判地順從 Instrumental 規範的人物。駱駝順從規範，樂於肩負重任，但是最後駱駝為了獲得自由而戰，並且蛻變成獅子。獅子要與巨龍奮戰，巨龍是駱駝時代的主宰，名為「你應（Thou-shalt）」。

> 精神不願稱之爲主人或神的巨龍是什麼?「你應」就是這條巨龍的名字。(同上書)

服膺規範並不需要什麼努力，但是對抗社會強加於自己的無意義規定卻需要強大的精神力，因此尼采以「獅子」比喻強大的精神力。過去巨龍的命令「你應」被視為聖旨，現在獅子對著這個命令咆哮「我要（Ich will）」。然而獅子依然有辦不到的事，就是「創造與遊戲」。

但是思考吧，我的兄弟們啊，有些事情獅子都做不到，嬰兒卻做得到，會是什麼事？爲什麼強取豪奪的獅子還要變成嬰兒呢？嬰兒是天眞而善忘的，新的開始、遊戲、自轉的車輪、原始的動作、神聖的肯定。(同上書)

嬰兒不會被既定觀念綁架，他們不去判斷正邪善惡，他們當下的 Consummatory 衝動會肯定一切。

我們社會有許多規範在運作，這些規範都把「人性本能的 Consummatory 行為」當作禁忌。但是我們不妨重新思考一下，在神社境內的葉影婆娑中，孩子從社內搬出神佛像遊戲，世界上還有什麼景色更美更神聖呢？這樣的情景讓人想到「人間仙境」。

但是被既定觀念綁架的人看不出這種情景美在哪裡，在他們眼中，這只是「違反規定」的一幕而已。他們甚至沒有覺察到，這些規定是為了「求保佑」而制訂的。

想要達成基於人性本能衝動的Consummatory經濟型態，就必須彌平衝動與各種社會規範之間的齟齬，在細究這些齟齬的時候，釐清這個規範是真的有意義，還是其實它背後藏著instrumental的無謂意圖，就會是非常重要的事。

提議二：付錢給真正想支持的人事物

最後，經濟的目標會是定常狀態，經濟會綜合小規模的社會主義、小規模的資本主義與直接的以物易物吧。此時誕生的不是消費者社會，而是保存者社會，我們會極力避免資源浪費，盡可能達到區域的自給自足。利益幾乎不會再被視爲目的本身，我們不再對他者與天然資源有剝削和牟利的念頭，待人接物以包容爲重。

莫里斯．伯曼（Morris Berman）

《世界的復魅》（The Reenchantment of The World）（柴田元幸譯本）

圖 16：價值創造體制的變革

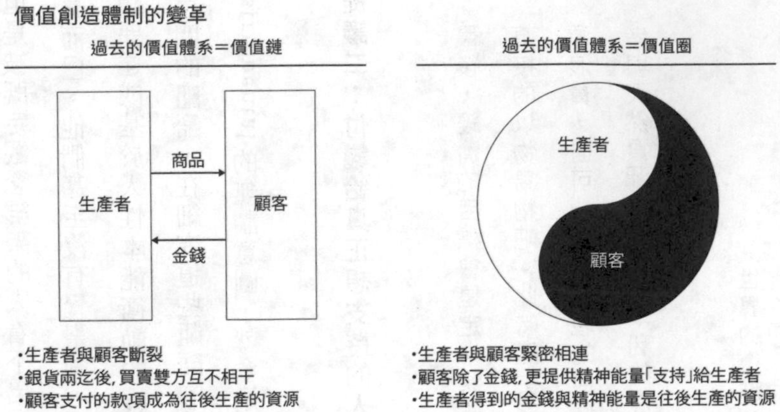
價值創造體制的變革
過去的價值體系＝價值鏈
商品
生產者
顧客
金錢
·生產者與顧客斷裂
·銀貨兩迄後，買賣雙方互不相干
·顧客支付的款項成為往後生產的資源
過去的價值體系＝價值圈
生產者
顧客
·生產者與顧客緊密相連
·顧客除了金錢，更提供精神能量「支持」給生產者
·生產者得到的金錢與精神能量是往後生產的資源

價值鏈的極限

高原社會的勞動假如從以前的「千辛萬苦的勞役」，變成「活動本身帶來的歡愉和刺激就是當下可得的回饋」，「消費」或「購買」的定位想必也會大有改變。我先講我的結論，我所謂的改變，指的是我們的體制會變成「勞動與生產」、「購買與消費」合為一體。

以前我們都認為經濟活動是先有「生產」，接著會有完全獨立於「生產」的「購買」和「消費」活動，一如圖16左圖所示。這是所謂「價值鏈」的思維，先有「勞動與生產」才有「購買與消費」，是階段性、按照先後順利發生的。

但是我認為這種分裂生產與消費的結構，是造成社會殺氣騰騰的原因。

追根究柢來說，勞動可以獲得的最高純度酬勞是什麼？是看到自己勞動的產出帶給別人歡笑的時候吧？一說到勞動獲得的酬勞，許多人都會馬上想到「金錢酬勞」，為什麼會產生這種不健康的現象？因為我們的社會結構，讓我們無法直接看到勞動產出的價值帶給別人歡笑。

既然無法強迫人去從事沒有喜悅可言的活動……那就沒辦法，只好給予金錢酬勞，以用錢了事的形式達到平衡。這種方式在昭和之前都還算是能夠發揮作用，當時社會上蔓延著物質匱乏感，大家可以把經濟酬勞與生活水準的提升掛勾，也能想像幸福感會如何提升。但是一如本書再三說明的，我們已經解決物質匱乏的社會問題了，這種方式已經無法正常發揮作用。

找回「勞動的喜悅」

金錢的英文是Finance，這裡的Fin與Final的Fin是一樣的意思，在拉丁文中是「結束」

的意思，代表銀貨兩迄後，買賣雙方互不相涉。

將生產價值的勞動流程細緻分化，各項作業會更單純精練，進而提升生產力，這就是所謂的「分工」，亞當．史密斯[15]《國富論》是第一個將分工的概念介紹給世人的。史密斯在書中的開頭透過大頭針工廠的思考實驗，說明分工如何提高生產力，而且實際上就如他所預見的，這種生產模式的普及，使得生產力爆炸性成長，連帶著促使工業革命的發生，但是史密斯也非常清楚這種生產模式普及後，會嚴重減損勞動的喜悅。

史密斯在《國富論》中寫到，勞動者在分工中被迫無止盡從事低於自己能力的工作，他們會「變得愚蠢、無知、麻木不仁，他們喪失理性的能力、情感能力，最終連肉體的活力都萎靡了」（《國富論》第五編第一章）。史密斯指出的「失去情感能力」，讓人直接連想到前面的段落介紹的契克森米哈伊，他也說「大部分的人對於自己的感受都很無感」。

這種狀態也是威脅企業組織競爭力的因素之一，動力是現在許多企業最重要的經營資源，但是物質匱乏得到解決了，大家都明白酬勞變更多，生活水準或幸福感也不會提升多少，企業競爭力自然會下降。

我們即將進入高原社會，在這裡，精神的孤立或飢渴是比物質匱乏更巨大的議題。在高原社會中，擴大生產者與消費者的交集、讓雙方看見彼此，是找回「勞動喜悅」的重要課題。

假使社會的許多場域都找回了勞動的喜悅，就代表「消費者的喜悅」也會增加。

讓生產者與消費者看見彼此

這是什麼意思呢？一如我前面所說的，生產者與消費者如果能看見彼此，生產者會看到消費者因自己的產出而喜悅，進而感到喜悅。不過不只是如此，消費者同時看到了喜悅的生產者，這也是消費者的喜悅。局外人看到產消之間的關係也會感到喜悅，喜悅像回聲一樣不斷反射出去。

在產消斷裂的當代社會中，餐廳與常客是最容易產生這種關係的。對於主廚來說，勞動能獲得的最大喜悅不是客人掏出的餐錢，而是餐桌上的客人此起彼落的「好吃」讚美與燦爛笑容吧。常客說出「好吃」的時候看到了主廚的喜悅，主廚的喜悅也變成消費的喜悅。最終客人當然要支付餐錢，交易也會當場結束，但是此時的餐錢意義不在於「銀貨兩迄，互不相涉」，而是「謝禮」，或者更進一步來說是「贈與」的意思。

在哲學與思想的世界中，常常把「贈與」和「交換」當作一組的概念來歸納討論。當成文字遊戲來看其實還滿刺激有趣的，不過從剛才的例子就會知道，「贈與」和「交換」都是社會中的互動關係，兩者是一個連續性的光譜，不是黑白分明的概念。

而且「等價交換」這個詞本來就是很矛盾的概念，交易必然會產生某些成本，如果是「等價」就沒有交換的動機了，「被交換的東西」如果沒有加上「價差」，「交換」就不會成立，行為主體獲得的「價值」會因為物品的效用而成立，也會因為「交換行為本身的喜悅」而成立。對生產者來說，消費者給予的經濟酬勞與精神酬勞是未來生產用的資源，驅動他們下一個活動。

從價值鏈走向價值圈

這種體制與前面說的價值鏈是相對的概念，因此我會以「價值圈」來描述。身為顧客的消費者接到的效用，會直接成為生產者下次生產的資源，形成無限的迴圈。

將這個關係以圖像表現，就是210頁圖16的右圖。價值鏈是「購買&消費」結束後空無一物的死亡結局，而新體制的「購買&消費」能夠提供能量給新的「勞動&生產」，屬於開放式結局。我想將這個取代價值鏈的概念命名為「價值圈」。

價值圈中的消費者，不再是以前那種單純「消費的人」，對於「勞動者&生產者」來說，他們提供了經濟與精神能量，是勞動與生產的「資源」。

前面提過的卡爾．馬克思[16]早在十九世紀就已經設想了這種生產者與消費者的關係。馬克思在初期的草稿筆記中這樣寫：

> 你在享受或使用我的生產物時，我會直接產生喜悅，這份喜悅就是，我的勞動不但滿足了某個人類的需求，也客體化了人性的本質。
>
> 馬克思、恩格斯《馬克思恩格斯全集》

在這樣的社會裡，消費或購買不像現在的我們認知中那麼負面，而會更接近「贈與」或「支持」。這種關係剛好就很類似藝術家與贊助商，也就是說社會中有一群人從事生產價值的活動，另一群人會以半是贈與的形式盡可能付出「更多」的對價，支持這群人的活動。

「負責的消費」和「贈與」的關係

此時會出現「負責的消費」這個概念，這是什麼意思呢？

我們活在資本主義的世界中，自己勞動獲得的金錢照理說要怎麼使用都是個人的自由，很多人也都覺得本來就是「自己賺的錢可以自由使用」。

那我想重新請問一下，這種「自由」是如何獲得認可的？這並不是一翻兩瞪眼的問題，過去也有許多哲學家想要找出答案，但老實說他們都找得不太順利。

約翰．洛克（John Locke）是十八世紀的英國啟蒙思想家，他的想法很單純，他認為每個人的身體都是自己的所有物，勞動要透過身體執行，勞動結果產出的價值屬於他，這個價值換來的金錢也是他的所有物，因此這些錢他可以自由使用。我講得非常簡化，不過馬克思的邏輯也是一樣的，這就是所謂的「勞動價值理論」。大部分的人讀到這裡，都會覺得不太對勁吧。

這套邏輯的問題出在哪裡？問題在於一開始的命題「每個人的身體都是自己的所有物」。洛克想證明「自己產出的東西就是自己的東西」這個命題，但是一開始的命題「自己的身體是自己的所有物」卻沒有得到佐證，是個懸空的命題。

假如「自己產出的東西就是自己的東西」，「自己的身體」難道是自己產出的嗎？當然不是吧。身體在生物學上是雙親贈與的，如果從基因的層次回溯，身體是從單細胞生物經過無限的機緣後贈與我們的，根本只能說是「宇宙的贈禮」了。身體本來就是被贈與的，卻被替換成「自己的」然後拿來推論，難怪洛克的理論會有漏洞。

我們的存在是「死者」與「自然」所贈與的，既然有人投我以桃，就必須報之以李。我們總有一天也會變成「死者」或「自然」，對於未來的後世子孫，我們也有贈與的義務。因此我所謂的「負責的消費」，指的是受惠於人的我們，要回饋給我們未來的子孫，但是許多人都忘了我們是受惠於人。

「消費」與「購買」變成更接近「贈與」或「支持」的活動

對於失去「受惠於祖先」感的人，二十世紀前半的西班牙哲學家奧德嘉[17]。

奧德嘉認為「大眾」有兩種心理特質，一種是「無止盡追求生活的便利」，一種是「忘記讓自己生活更便利的是前人與他者的努力」[18]。也就是說所謂的大眾，是一群對於「受惠於人」、「意外得到嘉惠」理直氣壯的人。

看回今天的日本，有數不完的大人享受著社會或他人的各種貢獻，他們不但理直氣壯將這種享受當作理所當然的權利，而且一有不滿或不平就立刻激動地大聲叫囂。他們都忘了，人的生命只存在於他們與過去、現在、未來的人之間的連結，他們都是追求無限成長的高度壓力社會製造出來的鬼魅。

在即將到來的高原社會中，勞動與創造會漸漸一體化，與此同時，以前的「消費」與「購買」會更接近「贈與」或「支持」的活動，重視並珍惜「受惠的感覺」在這種社會中是非常重要的。

聽到這裡，或許有人會覺得：「我知道贈與的重要性了，但是具體來說應該要怎麼做？」其實不需要想得太複雜，重點只有一個，就是時時提醒自己「把錢花在想支持的對象上」。

如今我們社會留有很多精彩的文化與工藝，但是這些美好的文化遺產並不是放著不管自然就保留了下來，實際上正好相反，是前人認為這些文化遺產「必須留給後世」，在他們不斷的支持與努力之下，才讓現在的我們豐富多采。

開化堂的第六代當家八木隆裕先生以前說過一個故事，他們是以銅製、馬口鐵製茶罐聞名的店家，在高度經濟成長時期，什麼都要機械化，「手工很過時」的價值觀成為主流，需要勞心勞力的傳統茶罐業陷入困境，他經營得相當吃力。當時京都許多茶館對他說「你不要想太多，繼續做好東西吧，我這邊會買的」，也多虧茶店持續支持，開化堂才能延續至今。這個故事很清楚明瞭地告訴了我們，支持性的經濟孕育了社會的豐富文化。

用「負責的消費」駭入自由市場

我們在日常生活中購買物品或服務並不會特別意識什麼，但是其實購買行為具有選舉的功能，買家雖然沒有意識，購買行為卻會決定留到下一個世代的東西是什麼。我們如果單純把錢花在「便宜」和「方便」上，社會最終就會被徒然「便宜」和「方便」的東西淹沒。如果你不想要這樣的社會，就要先重新檢討自己的經濟活動。

也因此「負責的消費」是個重要的概念，為什麼是「負責」？因為我們的消費活動會決定留到下一個世代的是什麼組織與事業。如果我們對於自己消費活動的社會責任渾然不覺，一味追求CP值最大化，社會就會失去多樣性，留下來的只有以最高效率提供「有用之物」的業者。

很多人喜歡批判宰制社會的這種大企業，但是他們並不是與當權者勾結才獲得主宰性的地位，他們會擁有如此巨大的權力，沒有別的原因，就是因為我們買了很多他們的商品。

我的意思是，只要將計就計駭進自由市場，我們想留下來的事物一定可以留到下個世代。

小而近而美

此時的關鍵就是要往更小、更近、更美的方向前進。我在第二章已經提過，近代社會的經濟基本上是透過「解決普遍性物質問題」而發展出來的，這個過程中催生了許多大企業。全地球都存在著普遍性問題的顧客，因此可以利用大規模的效益盡量建構長一點的價值鏈、大量生產同樣的東西，這些策略都有利於競爭。

結果這反而讓我們現在的社會追求「大而遠而有效率的」，這種強迫性的價值觀很難消除，而且不斷蔓延。「高原社會」的微成長已經是常態了，這種強迫性在高原社會中當然是精神疾病的主因，更重要的是，這也是無法「從活動中獲得 Consummatory 喜悅」的主因。

因此關鍵就是要反其道而行，逆向以更小、更近、更美來矯正。如果從價值鏈轉型為價值圈的目的在於「看得見彼此，可以悅人所悅」，我們的經濟就要擺脫這兩百年死巴著窮追不捨的「大而遠而有效率的」價值觀，將指南針調整到更加「小而近而美」的方向。

現在是二〇二〇年九月，這個轉向的巨大轉機已經在全球發生了。各位都知道，我指的就是全球大流行的新型冠狀病毒。日本已經有報導指出，由於疫情擴大，更多人有意想從大都市搬去小都市或其他地方，契機就是所謂的遠端工作，遠端工作成為常態之後，住在職場附近就沒有意義了。全球最大的員工意向調查公司蓋洛普指出，當「每星期有 60～80％的工作是遠端工作時」，員工的參與度會提至最高（原載於蓋洛普網站）。意思就是每星期通勤一至二次是生產力最高的時候，要求通勤更多天，生產力反而會下降。

轉型爲「小而近而美」的價值圈

最近「新常態」成為熱門的關鍵字，在諸多「常態」中，潛移默化帶給社會最大變化的就是「遠端工作的常態化」。如果一星期只要上班一至二次，就不需要大費周章住在物價高、環境差的大都市。近代社會成立之後，我們社會總是施加一種強大的壓力，要人住在靠近公司的地方，如今的時代這樣的壓力一口氣減輕了許多。各位可以想見，「小而近而美」的生活模式不適合大都市，比較小的社區反而容易實現。人口過度集中東京是日本長年的課題，這也是個大好的機會，可以趁機改善人口過度集中的問題。

更進一步來說，如果遠端工作未來會促使人口遷往鄉鎮，那就不能忘了經濟的區域均衡效果，這和以前遷入鄉鎮的效果是不同的。

以前說的遷入鄉鎮，通常是「個人收入來源」也移至鄉鎮，這代表「都市的收入在都市消費」的生活會變成「地方的收入在地方消費」。不過要是以後遠端工作在全球普及，使得居住地區也擴張，收入來源就未必會轉移了。這代表根據地可以設在東京、大阪、福岡、札幌等大都市經濟圈，活動是在虛擬空間發生，獲得的收入就投入居住地區，產生更「小而近而美」的價值圈循環。以前資金從大都市圈到地方的循環都是透過政治推動的，以後我們市民可以透過自己的意志與選擇促進這樣的循環。

世界聞名的室內設計師賈斯伯．莫里森（Jasper Morrison）曾經說：「我買伴手禮給海外的朋友，會盡量選在老城區，盡量選小一點的獨立商店。」原因是「這對那個地區會是最重要的貢獻」。我們常說的「在地特色」指的大多是當地的特產，或者建築、景點這些物理空間，不過賈斯伯說的不是這些，他認為在區域內部循環的經濟體制才是維持該地豐饒度的重點。

由此可知，賈斯伯的這句話，確實符合「負責的消費」的規範。

提議三：採行無條件基本收入

接著我們就來討論無條件基本收入（以下簡稱UBI）。最近很多地方都在討論UBI，很多人應該都知道UBI是什麼，但我還是重新簡單介紹一下。

UBI是「無條件支付全國人民需要的金額，讓人民過上有文化且健康的生活」的制度，日本的生活扶助與其他既有的社會保障幾乎都只適用於符合一定條件的人，保障對象需要經過限定與篩選，而UBI的特色則是在於無條件一體適用。

我前面主張高原社會的經濟應該要轉型為受到人性本能衝動驅使的Consummatory經

濟，而轉型要成功，我認為需要採行UBI。藝術家或舞者是受到衝動驅使而創作或表演，我們都希望Consummatory社會中的人也能像他們一樣，在參與活動時從活動本身得到愉悅和充實感，但是如果同時要擔心經濟是否穩定，這就可能是很巨大的阻力。

已經有很多場域在討論是否推行UBI了，但是他們所說的推行目的幾乎都是「消除貧窮」與「改善貧富差距」。我自己當然也認為推UBI可以解決，或者至少可以改善貧窮與貧富差距這些可恨的問題，不過UBI的效果不只如此，我認為UBI會連帶影響到大範圍的周邊領域，包括「生活模式的多樣化」與「促進社會創新」。接著就來討論UBI的推行會以什麼機制讓生活模式多樣化，促進社會創新。

知性生產的質與量

我在第二章已經討論過，高原社會大多數的問題都存在於經濟理性極限曲線的外側，解決這些問題不保證能獲得龐大的經濟利益。要讓整體社會勇於挑戰這些問題，就會需要安全網，讓我們不管得到什麼結果，都不會在生活上遭遇困難，因為讓社會創新成功最重要的因素，就是整體社會挑戰的「量」要保持在高水準。

我在拙作《如何打造全世界最創新的組織》（世界で最もイノベーティブな組織の作り方）中也提過，影響創意品質的最重要因素，是創意的數量。

迪恩．西蒙頓（Dean Simonton）是加利福尼亞大學戴維斯分校的心理學教授，他對作曲家、科學家的知性生產活動進行縝密的調查，發現他們知性產出的「質」是來自產出的「量」。我們一般都認為有質無量，有量無質吧，很多人以為「捨量才能求質」或者「求量就會犧牲品質」，因此聽到西蒙頓說「數量是品質之母」，好像會滿令人難以置信的。

不過如果我們重新仔細思考「傑作誕生的過程」，應該就會很清楚他說的只是再自然不過的事。創造力本來就是很偶然、很不按牌理出牌的，在多次的失敗中不斷摸索，在各種「創意」和「努力」被淘汰後，最後只有傑出的「創意」和「努力」倖存並且開花結果，這就是「創新」發生的實際過程。既然機率是固定的，我們就只能增加基數讓成果更豐碩。

證據就是西蒙頓發現，無論科學家或作曲家都一樣，一個人最傑出的成果，都是在他產量最大的時期誕生的。西蒙頓也發現，科學家或作曲家在他們產量最大的時期，也產出了人生中最差的論文或作品。

這代表要是害怕失敗而謹慎行事減少了「努力的量」，就會導致「質」也下降[19]。我們總是以為「成功」站在「失敗」的對立面，在追求成功的時候，一心想避免失敗，但一如西蒙頓的研究結果指出的，「只許成功，不許失敗」是不可能的。

讓社會創新成功的最低條件

在高原社會想要強力推動社會創新，沒有其他捷徑，只能增加「努力的絕對量」。這代表需要更多人出於自己的衝動去挑戰各式各樣的社會議題，但是這個時候會產生一個問題。如果我們需要擔心在努力往前衝之後，會不會流落街頭、生活困頓，應該會難以增加努力的絕對量。各種統計都指出，日本人整體來說相對傾向於迴避風險，只要不解決這個難題，努力的絕對量想必很難爆炸性增加。

倘若一直需要擔心自己的生活會不會有困難，應該不可能有源源不絕促成社會創新的精彩創意。金錢相關的煩惱會消耗很多腦力，一旦陷入了需要擔心經濟的狀況，就會很難脫離這種困境，被捲入「貧窮的螺旋」之中。

十九世紀不列顛和平（Pax Britannica）最盛的維多利亞時代，英國代表性的思想家、藝術評論家約翰．拉斯金（John Ruskin）針對社會上的藝術產出與經濟問題進行了深度的研究，並指出了下列的問題：

如今不管是什麼樣的畫家，他越是具有得天獨厚的天分，年輕時吃苦的機率就越大，在他的思想應該要豐富多姿的時候，在他的心情應該要溫和，對希望充滿熱情的時候，在這個最關鍵的時刻，他的心卻被憂懼與家務之勞吞噬。每次的失望都在他的熱情上澆了冷水，他受到不當的對待，結果他執著於自己的缺點而不是長處，在信心的蘆葦折腰的時候，他的意志之矢也鈍化了。

約翰．拉斯金《藝術的政治經濟》(A political economy of art)

看到許多有為的年輕人擔心生計而放棄藝術家職涯，然後逐漸被Instrumental的職業纏上，讓拉斯金相當痛心。如果希望將高原社會的價值產出活動從「文明」轉型為「文化」，我認為拉斯金的觀點很值得我們深刻省思。

貧富差距擴大在高原社會的解方

更進一步來說，由於「價值產出的不確定性」在高原社會會提升，因此還是需要推行UBI。如果是在二十世紀中葉，世界上存在著許多不便、不滿、不安和不快，只要產出解決這些問題的事物，就會產生莫大的經濟價值。當時人們眼前的問題都很明確，因此對於自己的產出會有多少人接受，在某個程度上是可以事前評估的，「價值產出的確定性」非常高。

但是在即將來臨的高原社會中，事前評估價值會變得很困難，許多活動都從「製造有用的事物」轉型為「製造有意義的事物」，因此產出價值的高低會有更大的落差。

我們來進行一場小小的思想實驗吧。假設沒有任何人想做、最麻煩的工作會逐一因為創新技術而機械化、自動化，在最麻煩的工作機械化之後，失業的勞工去從事第二麻煩的工作，整體社會需要負責的領域就會向上提升。這兩百年不斷重複這個過程，可以機械化的麻煩工作最終都變成機器的工作了。

在這樣的情況下，人類剩下的工作理論上只有機器做不到的事，也就是「創造」與「玩樂」，但是這裡有一個很大的陷阱。「創造」與「玩樂」不同於「生產勞動」，「創造」與「玩樂」的生產力可高可低，反而會拉大所得差距。

這一點我在前作《成為新人類：24個明日菁英的嶄新定義》就已經詳細討論過了，相較於「有用」的價值，「有意義」的價值會有更大的落差，意思就是有時候能產生莫大經濟價值，有時候完全無法產出，有可能是全有或全無。

這以藝術作品來思考最好理解。

一張帆布畫的藝術作品價格從數千到數百億都有，範圍非常廣，但是作品本身需要的成本與勞動力幾乎沒有差異，因此這種極端的「價值落差」會直接導致「極端的所得差距」。各位也知道，巨大的所得差距就是分裂我們社會的重要因素，這是高原社會本質上內蘊的矛盾。

在物質匱乏已經被解決的高原社會中，我們從事活動所追求的是「有意義」而不是「有用」，但是「意義」卻會造成產出價值有巨大的落差。產出價值的落差如果直接與所得差距畫上等號，我們所想像的，本質意義上所有人都能活得豐饒、生機盎然的高原社會，就會變得很難實現。

在產出價值有極端落差的高原社會中，「價值的轉移與分享」會是重要的課題。「成果的落差」大多只能說是「運氣」使然，成功創造出重大的意義當然就代表他「運氣好」，也就是說他「接受了來自宇宙的贈與」，受惠於外物，於情於理都該回饋社會。

「社會投資型國家」不可行

我們把UBI放在人才培育的脈絡中想想看，一個國家的發展與成熟，與國民教育有很大的關係，既然如此，要怎麼做才能讓教育將人力資本的可能性發揮到最大？

社會學家安東尼．紀登斯（Anthony Giddens）是英國布萊爾政府的智囊，為了對抗柴契爾政府以後的新自由主義社會，他提出了「社會投資型國家」。

> 目標不該是直接給付生活費，而是盡可能投資人力資本，我們要構思的不是福利國家，而是在積極福利社會的脈絡中能夠發揮作用的社會投資型國家(Social investment state)。
>
> 安東尼．紀登斯《第三條路及其批評》

紀登斯在討論中將「直接給付生活費的福利國家」與「投資人力資本的社會投資型國家」塑造成對立的概念，但我覺得這種歸類非常粗糙。既然沒有規定「直接得到生活費的個人」要怎麼使用這筆生活費，這個人也非常有可能拿錢來投資自己，提高自己的人力資本。這代表紀登斯認為是對立的兩種國家型態，實際上並不對立。

不過應該有些人會擔心：如果沒有規定這筆錢的用途，大家真的會把錢花在有意義的事情上嗎？我覺得這個答案最終取決於每個人的「人性觀」，但是過去許多社會實驗的結果都告訴我們這樣的擔心是多慮了。

舉例來說，有報告指出，我們把一筆可以自由運用的零用錢交給已經過了十年以上無家者生活的人，多數人會省著用，並且用來做有意義的投資，在一些案例中也有人成功脫離無家者的身分。本書並不是UBI的入門書，我不會再詳談UBI，不過如果讀到這個段落各位有興趣的話，我推薦羅格．布雷格曼（Rutger Bregman）的《改變每個人的三個狂熱夢想》。

轉換成 consummatory 的職業

近來除了這一類的憂慮之外，全世界也持續熱烈在討論這個制度的利弊，反對方的主要論點，是認為這種制度會導致某一種道德危機。這類反對的理由還滿容易理解的，不過我覺得它乍看之下有其道理，反對背後的心態卻相當狹隘，他們認為：「稅金是從我辛苦工作賺的薪水拿出來的，我不想花在社會保障，不想分給沒在工作的人。」反對方說的道德危機，指的是當經濟壓力解除了，每個人都會想要辭去辛苦的工作，結果整體社會的勞動生產力可能就停滯了。

不過各位讀到這裡都知道，我是提議社會的勞動觀要轉變，並希望推行 UBI 促進這樣的轉變。如果工作是門苦差事，沒有人會希望自己掙來的辛苦錢被扣除高額的稅金，遑論是把稅金分給因為「不想做苦差事」就不工作的人，我可以理解有些人會受不了。這種想法就是來自 Instrumental 勞動觀，把「辛苦的工作」當手段，把「酬勞」當作目的。

然而高原社會的勞動不是 Instrumental 的，轉型為 Consummatory 之後，勞動與酬勞一體化，勞動本身的喜悅與意義就是我們的回饋。在這樣的社會裡，我們對於工作成果與工作酬勞的定位會迥異於過往。

反過來說，Instrumental 職業觀的人會覺得「工作很辛苦，可是為了薪水不得已」，推行 UBI 同時也是希望他們可以離開現職，換成 Consummatory 的工作，從中獲得快樂與意義。

「反向駭入資本主義」代表的意義

人類應該是在漫長的演化過程中，獲得了「情感」這個功能，畢竟假如情感不利於個體的生存與繁衍，我們的大腦也不會獲得這個功能，自然界沒有那麼好混。

我們人類有「情感」，是因為生存與繁衍需要這個功能。反過來說，扼殺情感、以 Instrumental 的生活型態為目標，反而會損害生物個體的生存與戰鬥能力。單純為了高薪而從事沒有人生意義和樂趣的工作，代表是從本質上失去了生命力。

再進一步來說還有一個問題，因為這些具有 Instrumental 勞動觀的人存在，不健全的工作就一直沒有被勞動市場淘汰。如果我們可以順從自己原本的情感和幸福感受力去選擇工作，無益於我們幸福的工作或活動應該會從社會上消失，因為我們社會有自由市場在運作。

這就是我說的「反向駭入資本主義」代表的意義。

UBI 的概念與過去的社會主義很接近，因此有一些人認為這是在「否定資本主義」，不過 UBI 真正的目的正好相反，我必須強調，我認為就是為了要讓自由市場的機制在勞動市場中健全運作，才會需要推行 UBI。

叩問「什麼是更美好的人生？」

現在有很多地方都在討論是否推行 UBI，但老實說我聽了常常覺得很不對勁，這些討論幾乎都是用「經濟成長」、「提升生產力」這些近代化結束前的「老舊價值量尺」在評價 UBI 的利弊。本書一開頭就說了：我們已經從推動近代化的「登山社會」，進入近代化結束的「高原社會」了。因此拿出「登山社會的老舊量尺」討論「高原社會的制度」其實滿無謂的。

此時我們該問的問題不是 UBI 對於經濟成長或生產力有多少貢獻，而是「對人類來說，值得活的社會是什麼樣的社會」。

我想談談《新約聖經：馬太福音 20》中，耶穌說「天國是什麼樣的地方」的比喻。

有一個葡萄園的主人到了廣場上，他承諾廣場上打零工的工人會以「一天一得拿利烏」的價碼雇用他們。日落的時候，主人再次來到廣場，他看到一整天無所事事的人，問他們「你們在這裡做什麼」，他們回答說找不到工作，於是主人建議他們也來葡萄園工作。這一天結束了，主人下令「從早做工的人和晚上才開始做工的人都要發放1得拿利烏」，並且先支付薪水給晚上來的工人。從早就在做工的人聽了就湧上前問「為什麼在太陽底下努力一整天的我們也跟他們同酬」。主人的做法看起來確實非常不公平，不過他回覆如下：

雖然他們是最後來的，但我想付給他們與你一樣多的錢。

《馬太福音》20:13

這沒有什麼道理可言。有工作的人有薪水，沒工作的人沒薪水，做多的人多領，做少的人少領，這樣確實滿合理的，但是主人說，我還是想付一樣多的錢，這只能說是一種 Consummatory 衝動了吧。

我前面也說過了，這不是有沒有道理的問題，問題不在於「勞動生產力會提升或下降」或者「失業率會提升或下降」，耶穌透過這個比喻表達，「希望有工作沒工作的人都能獲得同樣的薪水，可以安心度過今天一天，我認為這樣的社會才是好的社會。」

但是這個比喻對一些人來說，好像難以解讀到絕望的程度。我讀這一篇的時候覺得：「完全就是這樣，不愧是耶穌，說得真好。」可是某一類人完全無法理解或同理這個比喻。證據就是許多專業是《聖經》詮釋的神學家，都以非常歪曲的方式解釋這個故事，讓人很疑惑到底為什麼要特地繞這麼大的圈子。

我不好意思直接指名道姓，有一位知名神學家的結論是：「這個故事告訴我們，即便人類無法理解，還是要絕對服從神的意旨。」我看了心想：「天哪！不是『人類無法理解』，是你無法理解而已吧，我很懂啊。」還有另外一個神學家解釋：「這是在比喻就業者與失業者，代表『不要有分別心，在神的面前眾生平等』。」這些說法都讓我錯愕。

照字面的意思直接理解，就會知道耶穌的意圖不在於此，祂只是在說「有工作與沒工作的人都能安心生活，這樣的社會更好」，指的正是 UBI。

現在許多地方對於「疫情後的世界」都有很熱烈的討論，大部分的討論依然用當代社會的價值指標，用很技術性的方式進行討論，這些我都覺得搞錯重點了。

舉例來說，以當代社會制度來看，失業率要低，GDP成長率要高，但是套用這種價值標準預測或討論「推行UBI後，這些指標會怎麼變化」是很無謂的。

耶穌講了葡萄園的故事，讓大家藉此想像「神之國」的模樣，現在的我們真正需要的，不是各種政策的技術性評價，而是各自描繪出這一類的願景，然後拿出來與彼此分享。

1 George Edward Moore（1873-1958），英國的哲學家，生於倫敦，任教於劍橋大學的哲學教授。當今英文圈哲學界占有主流地位的分析哲学，其基礎是他與羅素、維根斯坦、弗雷格等人建立的。主要著作是以倫理學批判自然主義式謬誤的《倫理學原理》（Principia Ethica）。（節錄、摘要、編輯自「維基百科」）

2 G. E. Moore, Principa Ethica (Cambridge: Cambridge University Press, 1903)

3 大衛．彼得．斯特羅《為了社會變革的系統思考》（Systems Thinking for Social Change）

4 Joseph Beuys（1921-1986），德國當代美術家、雕刻家、教育家、音樂家、社會活動家，參與早期激浪派的活動，留下許多表演藝術、雕刻、裝置藝術、素描作品。提倡社會雕塑的概念，將雕刻與藝術的概念擴及教育與社會改革。參與自由國際大學（Free International University）的創辦與「綠黨」的建黨，他的社會活動與政治活動在德國國內褒貶不一，引起極大的爭議。（節錄、摘要、編輯自「維基百科」）

5 Ratan Naval Tata（1937-），印度的企業家，印度最大企業塔塔集團的董事長。兩千年代初期，他希望汽車在印度普及，於是下令開發「塔塔納努汽車（Tata Nano）」，目標是用 10 萬盧比（當時匯率約 9 萬日元）的驚人賤價售車。（節錄、摘要、編輯自「維基百科」）

6 安藤百福（1910-2007），日本的企業家，日清食品的創辦人，也就是「泡麵」的發明者。（節錄、摘要、編輯自「維基百科」）

7 Jonas Edward Salk（1914-1995），美國的醫學家，小兒麻痺疫苗的開發者。開發疫苗的時候，他一心一意只想盡早開發出安全有效的疫苗，絲毫不求個人利益，在電視訪問中被問到「誰擁有這個疫苗的專利」時，他說「專利並不存在，太陽也沒有專利吧」。（節錄、摘要、編輯自「維基百科」）

8 小兒麻痺（急性灰白髓炎）：由小兒麻痺病毒感染中樞神經後引發，典型的症狀是四肢的急性無力麻痺，過去好發於兒童，因此得名。小兒麻痺1960（昭和35）年在日本大流行，全國有高達6500患者，當時的日本還沒有認證活性減毒疫苗的產品，只能緊急從加拿大和蘇聯進口小兒麻痺活性減毒疫苗，在一口氣施打了1300萬名幼兒之後，當年日本的病患就急遽減少，3年後已經剩不到100名患病，效果相當戲劇化。1980（昭和55）年出現最後一例之後，至今再也沒有出現病患是因野生型（非疫苗型）小兒麻痺病毒而感染。然而全球的疫情並沒有就此平息，世界衛生組織繼已經被撲滅的天花之後，以撲滅全球的小兒麻痺為目標，協助各國強化衛生政策。原本宣布預計在2000年讓病毒從世界上絕跡，後來卻不得不延期。同一年，WHO西太平洋地區宣布已經區域性根除，歐洲地區馬上也會宣布，整體來說病患確實在減少中。然而非洲、南亞、東亞等地區由於經濟和政治的不穩定，防疫政策的效果還是有不足的疑慮。

9 世界馳名的拍賣公司，美術商詹姆士．佳士得1766年12月5日在英國倫敦創辦。（節錄、摘要、編輯自「維基百科」）

10 Isaac Asimov（1920-1992），美國的作家、生化學家（波士頓大學教授），一生留下了超過500本著作，主題廣泛，包括科學、語言、歷史、聖經等等，其中又以科幻、科普書、推理小說最為人所知。（節錄、摘要、編輯自「維基百科」）

11 出處：http://movies2.nytimes.com/books/97/03/23/lifetimes/asi-v-fair.html

12 《日本經濟新聞》2017年5月26日

13 Richard Sorge（1895-1994），蘇聯的間諜，1933（昭和8）年到1941年（昭和16）間，組織佐爾格諜報團在日本展開諜報活動，負責調查德國與日本抗俄的可能性，他是佐爾格事件的主謀，震撼了當時的日本。（節錄、摘要、編輯自「維基百科」）

14 Sir Harry Smith Parkes（1828-1885），英國外交官，幕府末期到明治初期擔任了18年的駐日英國大使。巴夏禮建議使館的下屬盡量在上午完成公務，下午花時間來研究日本，或許可以稱他為「東方研究」的先驅。（節錄、摘要、編輯自「維基百科」）

15 Adam Smith（1723-1790），英國的哲學家、倫理學家、經濟學家，生於蘇格蘭，主要著作包括倫理學書《道德情操論》（1759）與經濟學書《國富論》（1776）。（節錄、摘要、編輯自「維基百科」）

16 Karl Marx（1818-1883），德國普魯士王國的哲學家、思想家、經濟學家、革命家，對社會主義與勞動運動造成巨大的影響。1845年失去普魯士王國的國籍後成為無國籍者，1849年（31歲）流亡英國之後就以英國為活動據點。在弗里德里希．恩格斯的協助下，以遼闊的世界觀與革命思想提出科學的社會主義（馬克思主義），認為資本主義的高度發展，必然會帶來社會主義與共產主義社會。他終生投入資本主義社會的研究，畢生心血集結為《資本論》一書，建立在這個理論之上的經濟學體系名為「馬克思經濟學」，帶給20世紀以後的國際政治與思想莫大的影響。（節錄、摘要、編輯自「維基百科」）

17 José Ortega y Gasset, 1883-1955。西班牙的哲學家，主要著作包括《思考堂吉訶德》（Meditations on Quixote, 1914）、《大眾的反叛》（1929）等等。奧德嘉定義「大眾」為「徒有慾望，認為自己有權利，卻絲毫不認為自己有義務」的人們，並認為法西斯主義的勢力就是有大眾在撐腰。（節錄、摘要、編輯自「維基百科」）

18 奧德嘉《大眾的反叛》

19 其實這種觀點從以前就是很多人的經驗談，獲得諾貝爾化學獎的萊納斯．鮑林常被學生問「要怎麼樣才會有研究的靈感」，他總是回答「先想出很多點子，然後捨棄不合用的」；擔任英特爾 IT 策略、科技執行董事的瑪麗．墨菲．霍伊也說過「如果失敗次數沒有成功的 10 倍，可以視為沒有承擔足夠的風險」。

補論

我想透過本書對所有讀者說的話，已經在前面的篇幅都說得差不多了，而且篇幅已經遠超過原本計畫的長度，因此現在直接闔上本書也沒有問題，不過我還有幾個可以實現高原社會的提議，非常希望能與各位分享，因此最後想簡單列舉幾個提議作結：

一、成立社會藍圖會議

二、推行社會平衡計分卡

三、檢討稅率制度

四、重新設計教育制度

一、成立社會藍圖會議

補論中的第一個提議，我建議要建立一套構思新社會願景的社會體制與程序，不要再以「小美國」為目標。

我在第一章提過，我們國家從二十世紀中葉以後，就一直以「小美國」為目標，我們已經把這種思考模式內化了，如今所有場域都有人不厭其煩一直比較日本與美國，提出「日本糟糕論」。

但是我認為思考日本的社會體制模型時，以美國為比較對象根本是緣木求魚。美國和日本的基本背景條件實在差太多了，舉例來說，美國國土是日本的二十五倍（美國九百八十三萬平方公里，日本三十八萬平方公里），人口是二點六倍（美國三億兩千七百一十六萬人，日本一億兩千五百八十八萬人[1]），美國有豐富的天然資源（能源自給率：美國百分之九十二點六，日本百分之九點六[2]），美國國民幾乎都是移民或移民的後代（移民比例：美國百分之十四點五，日本百分之一點六），國際通用語言之一的英文不但是美國實質上的官方語言[3]，最決定性的差異在於，日本的人口已經開始減少，美國人口如今卻持續在增加，他們在各方各面都有極其特殊又得天獨厚的條件。

我們一心一意把物力與人力資源差距這麼大的國家當作目標，不斷打腫臉想充胖子，最後會得到什麼結果？生於文明開化最興盛時期的夏目漱石在距今一百年前寫了〈從此以後〉，他看到日本以一等國家為目標，自不量力如夸父逐日一般，於是借用了主角長井代助之口說出了日本的未來。

> 這就如同與牛競爭的青蛙，你的肚子要裂開了喔。
>
> 夏目漱石〈從此以後〉

當時的日本飽嚐一切物質匱乏之苦，我們要在滿目瘡痍的國土上重建家園，因此我可以理解一九五〇年代物產豐饒的美國為什麼會成為我們「夢想的國度」。當時日本在亞洲肩負防共（指的是防止共產主義入侵或擴大）堡壘一職，我們被期待做一個稱職的櫥窗，對亞洲展示資本主義帶來的富裕與繁榮，我們也歡天喜地接下了這個任務。

但是一如我在第一章討論過的，我們社會已經打造出物質生活的基礎，繼續以「小美國」為目標已經漸漸失去意義了。「成為小美國」是鞭策我們長達半世紀的目標，在除去這個目標之後，我們應該會看到面前出現各式各樣的選項。

邁向「大型的北歐型社會民主主義國家」

那麼在我們的理想藍圖中，要畫出什麼樣的國家或社會模型呢？我不想要對此貿然下定論，但是綜合前面舉出的「提議」和「小美國」的類比，如果只以大方向來說的話，我的答案是「大型的北歐型社會民主主義國家」。我對這種社會的想像是，我們不需要一味追求經濟成長，我們改善貧富差距，任何人都能接觸到自然、藝術和文化，都能過著本質意義上豐饒且生機盎然的生活……不過這充其量是我個人的意見，最終還是應該透過整體社會的對話來決定。

為什麼我這麼堅持「社會的藍圖」？因為「想像力的貧乏」會直接與「行為的貧乏」畫上等號。

一九七〇舉辦的大阪萬國博覽會就是一個極端的例子，大家都知道，有幾項萬博中提案展示的科技產品，後來在現實社會中都實際生產製造出來了。常常聽到的例子是無線電話、溫水免治馬桶、電動步道、單軌鐵路等等，這一屆的主題是「人類的進步與調和」，明明

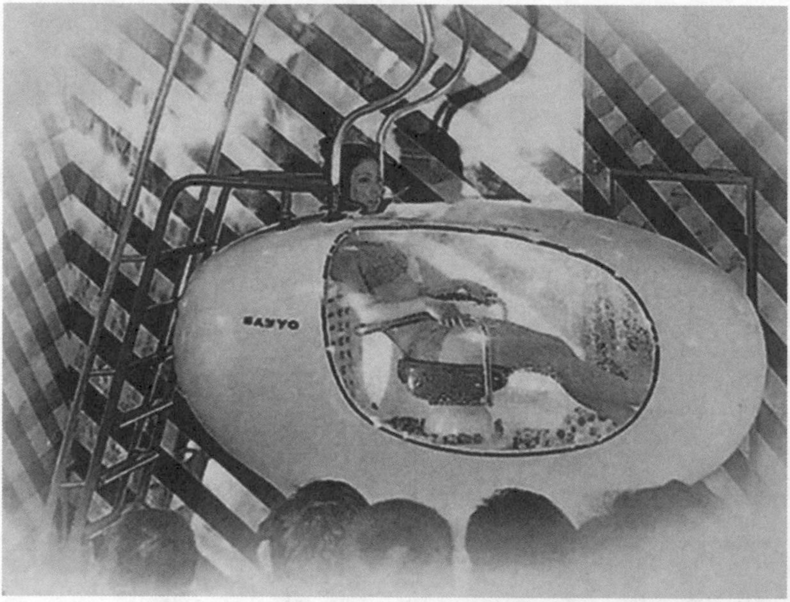

聽起來很響亮，內容老實說卻讓人有一種「這個主題你給我看這個？」的印象。溫水免治馬桶確實方便又舒適，不過說這是「人類的進步」好像又言過其實。

要是重新把那些沒有實際生產的展品一字排開，也會發現這些人想像力之貧乏，已經超越滑稽的程度，讓人不寒而慄。其中一例就是萬博第一的熱門展品，在當時掀起熱烈討論的「自動洗澡機」（如上方照片）。

使用者進入直徑兩公尺左右的膠囊中，露出自己的頭，超音波會製造泡沫清洗身體，然後前後的噴嘴噴出溫水，最後用暖風烘乾身體，整個過程都是自動化。

如今來看只能說這是個很難笑的笑話，不過三洋電機的創辦人，時任董事長的井植歲男在討論萬博展示品的企畫時，提議說「做出可以自動洗澡的機器一定很好笑」，於是這個企畫就成形也執行了。

讓人震驚的是，這台自動洗澡機不只在萬博展示，實際上也推出了產品。而且價格竟然要八百萬日元……當時大學畢業生第一份工作大概是三萬七千日元，換算成現在的價格就是四千至五千萬日元了，不知那個時候相關的參與者到底在想些什麼？

只構思得出「貧乏的豐饒」

我想重新討論這個點子有多「貧乏」。對於我們日本人來說，洗澡已經遠遠不只是日常生活的需求，而是一種為了更多的歡愉而產生的精緻文化。對於高度經濟成長時期的人來說，洗澡雖然微不足道但應該也能在洗澡中感受到真實的喜悅，洗澡是一段重要的時光，意謂著一天的結束。結果他們卻希望透過機器全自動化提升洗澡的效率，想像力實在是很貧乏，一點也不豐富。

本書第一章指出，日本在一九七〇年前後逐漸進入「文明化的結束」的階段，大阪萬博正好就是在那個時期舉辦，因此才會設定了有別於文明化的「新進步」為主題，沒想到實際提出的「進步」案例卻如此沒有想像力，真是讓人失望透頂。過去的人們在「文明化=有用」的價值觀中生產價值，他們對於未來只構思得出「貧乏的豐饒」，只能想像「更有用、更方便的生活」。

我要說的是，如果不能警醒著構思一個社會的藍圖，我們就會聽從慣性與惰性，一直在因循苟且的路上奔馳。對於生在大阪萬博時期的人們來說，最強大的慣性就是「文明化」，這個慣性是以「更便利」、「更有效率」、「更短時間」的指標推動進步的力量。於是大阪萬博所展示的「未來社會」充滿了各種「舒適又便利」的物品，可以自動洗澡、可以用氫彈炸掉颱風、水龍頭會噴出果汁，報紙還會從牆壁冒出來。

但是這種「便利性」已經不太會讓我們感到富足了，反而是「雖然不便，但是有情調有感覺」的才讓人強烈感到富足。看看現在，重新回想大阪萬博的提案，應該就會知道畫一張未來藍圖的困難與重要性。

二、推行社會平衡計分卡

無論我們理想的社會藍圖長什麼模樣，社會肯定會是由極其多元的子系統組成的複雜系統。只用單一指標去衡量或評價這個複雜的體制，簡直就如堂吉訶德一般有勇無謀。人體與社會一樣是由複雜的子系統組成的，在檢核人體是否健康的時候會用到數十個指標，而且這些指標之間並沒有優劣之分，然而在評估與人體同樣複雜的社會是否健康時，不知道為什麼只有 GDP 被當作是特別重要的指標，這真的很不可思議。

本書也提過很多次了，在文明化不成熟的情況下，GDP 成為優先的指標可能有一定的必然性，不過在世界進入文明化結束的階段後，依然偏重以 GDP 判斷社會建設的優劣，反而有弊無利。我們社會中存在許多被經濟成長犧牲的指標，獨厚某個個別指標進行評估反而容易讓整體社會失衡。

既然如此該怎麼辦？我的提議是「社會平衡計分卡」這個概念[4]。重新說明一下，平衡計分卡（BSC）[5]是一種計分機制，透過各種面向更全方位地評價企業的成績，而不是只看營收與利益等短期結果的指標。具體來說，原始的平衡計分卡會以「財務」、「顧客」、「業務」、「人材」這四個項目當作評價企業的指標。

平衡計分卡的重點在於，這四個指標是有消有長的關係，如果想在短期內提升利益，可以壓低製造成本與人事費，可是長期來看這種做法會造成顧客的離開或員工士氣下降等問題，使得業績低迷。在這裡，「中期與短期」的時間軸，「內部與外部」的空間軸是一組的評價指標。

日本政府愚民政策的極限

我認為用於社會建設的指標也不能偏重其中某一項，我們需要平衡計分卡這樣的思維，以多元的視角評估理想的高原社會。

那麼這個「分數」由什麼指標組成呢？這正是我們在討論過「我們想要打造什麼樣的社會」之後要研究的主題，但是如果「每個人都有生命力，從事可以發揮自己所長的工作，過著健康、有文化且充實的人生」存在於我們的高原社會藍圖中，這些社會指標就必須包含「存量與流量」、「質與量」「短期與中長期」相關的項目：

・GDP（視情況修改計算法）
・主觀的幸福感
・生活滿意度
・貧窮率與經濟差距的水準
・失業率
・覺得工作有意義的水準
・勞動時間
・身心障礙者參與社會、身心障礙者所得的水準
・學習機會、成長機會
・接觸藝術、文化的機會
・接觸自然環境的機會
・得到醫療服務的機會
・與社群互動的機會
・社會資本的狀態
・多樣性的水準

· 總排碳量與其他環境負荷的水準
· 自然環境保育的程度

這些項目當然不可能同時得到滿足，倘若是以經濟成長為掛帥，就會變成美國那種貧富差距的悲慘社會，如果著重在改善貧富差距，某種程度上就需要犧牲經濟成長，不過我們也不該不假思索捨棄任何一項指標。

這是企業經營與社會建設之間的巨大差異，企業經營重視輕重緩急，在某些情境中集中火力提升少數幾個 KPI 是很常見的[6]，但是承平時代的政治追求的是「資源分配的藝術」，既要取得大局的平衡，也需要視情境調整偏重的比例[7]，不能全有更不能全無。

「兩黨制」照理來說應該是兩大政黨互相交鋒，討論這個政策要以哪些指標為先、哪些指標為後，兩黨在選舉時向國民提出「社會藍圖」，國民仔細思考這些藍圖案後進行投票，兩黨制才能發揮作用。然而日本政府的愚民政策相當有效，兩黨制完全沒有發揮功效，近乎一黨獨大的狀態快持續四分之三個世紀了，只是說這一招應該已經差不多用到極限了吧。

三、檢討稅率制度

檢討稅率制度，總的來說就是要「調漲稅率」。最近我在許多場合都提議要調漲，可是不少人一聽到這個提議就瞪大眼睛，露出「這傢伙是瘋了嗎」的表情。他們想的應該是「生活已經夠苦了，你出什麼餿主意啊」，不過有捨必有得，我們可以稍微冷靜下來，仔細衡量一下調漲稅率除了「捨」之外，還有什麼「得」。

我自己認為如果要推行無條件基本收入，並且建立捐款等等的贈與體制，調漲稅率應該是免不了的。目前日本的稅收大致是處於入不敷出的狀態，這代表財政收支一直是赤字，每年都在累積讓收支平衡的債務，因此想讓社福的水準比現在更好，絕對不可能不調漲稅率。

而且日本的稅率本來就過低了，很多人只是隱約感覺「日本稅金很高」，不過其實日本的國民負擔率與其他國家相比絕對不算高，在經濟合作暨發展組織（OECD）的三十六個會員國中，日本屬於第八低的國家。

圖 17：國民負擔率（與國民所得比）的國際比較（OECD 34國）

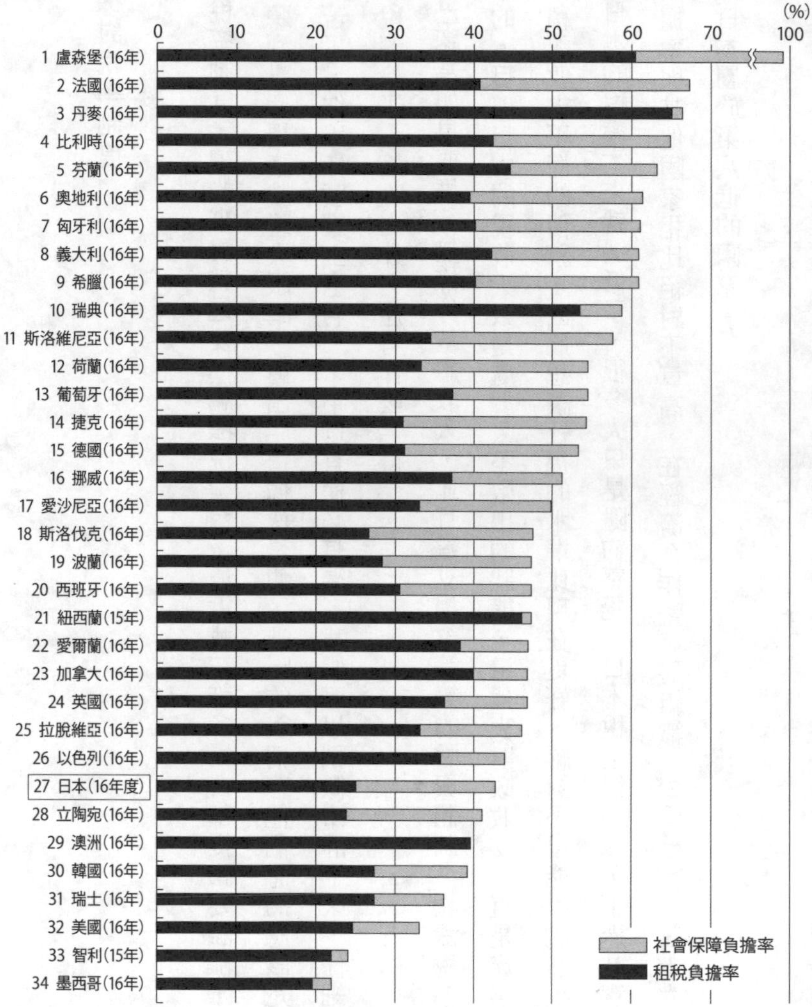

看了右頁的圖17馬上就會發現「日本的稅率並沒有那麼高」，這幾年日本的國民負擔率都在百分之四十到四十五之間搖擺[8]，在八大工業國中，比日本更低的只有美國。如果再看向歐洲各國，會發現法國是百分之六十八，芬蘭是百分之六十三，國民負擔率比日本高的國家相當多。

覺得日本的負擔率過高的人，看到負擔率比日本高百分之二十之多的這些國家，或許會以為他們的國民都在重稅的碾壓下，只能吃路邊的雜草，過著苦哈哈的悲慘貧苦生活，但是實情完全不是如此。

幸福度前幾名國家的國民負擔率

請看下一頁的圖18，圖表中的橫軸是負擔率，縱軸是世界價值觀調查中的「幸福度排名」，每個點是一個國家。

縱觀這個結果，會發現幸福度排名的先後與國民負擔率的高低幾乎沒有關係[9]，尤其幸

圖 18：世界幸福度排名與賦稅的國民負擔率

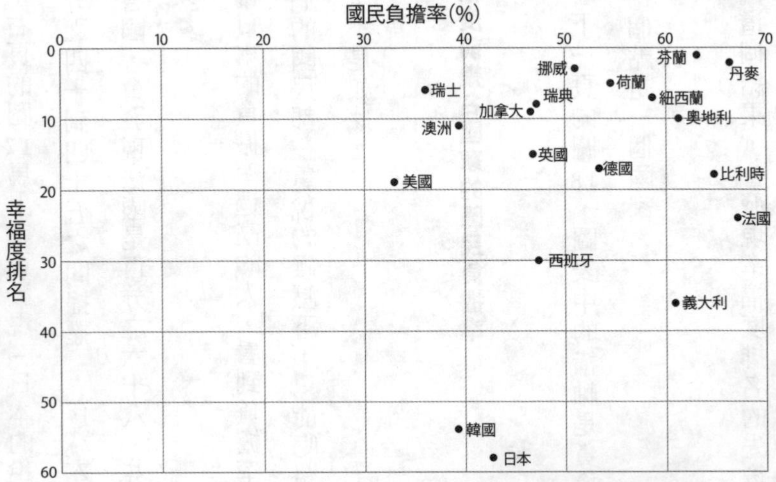

福度排名前幾名的國家，國民負擔率都很高（幸福度排名前五的平均負擔率是百分之五十八點九，比 OECD 會員國的平均負擔率百分之五十點八多了八點一個百分點）。

如果提高國民負擔率，可以期待什麼樣的正面效果呢？除了前面提到的無條件基本收入，也就是「高福利」這種非常直接的目的，我認為提升國民負擔率，在制訂高原社會的價值標準時可能有三個附加效果。

第一個效果是高負擔率的稅制，搭配捐款抵稅制度，或許可以創造出「贈與的文化」。這個對象尤其是針對富裕階級，比方說在法國年收超過兩千萬日元（嚴格來說是十五萬七千八百零六歐元），適用於百分之四十五的所得稅[10]。這百分四十五的稅金可以直接納入國庫，不過如果他有捐款，所得可以先扣除捐款再計算稅率，因此可以節稅。

這樣一來，或許會有更多人覺得與其把自己的一半收入交給政府，用在他不關心也沒興趣的地方，不如捐給自己想支持的團體或個人。

一如我前面所說，我們社會還殘存許多問題，解決這些問題，通常不保證能得到莫大的經濟利益。因此要是仰賴所謂的自由市場，這些問題永遠不會解決，會一直留在社會上。捐款這一類的贈與文化在社會中成形應該會是很大的幫助，讓更多人或組織超越經濟理性框架，獲得解決問題的資源。

減少「爛工作」的政策

提高國民負擔率的第二個效果，是可以推廣「為了錢埋頭工作也沒有用」的價值觀。

我想請各位透過以下的案例，進行一場思想實驗。假設日本所得兩千萬以上的人要繳百分之七十所得稅，所得五千萬以上要繳百分之九十，這種情況會發生什麼事呢？我想應該會有三個變化。

第一個變化，一定會有更多人覺得汲汲營營提高年薪是很愚蠢的。死命工作坐擁高薪，結果大部分的錢卻被國家徵收，既然如此，應該會有很多人不會為了錢，而是為了活動本身的喜悅而選擇工作。

這一點對於高原社會非常重要，因為高原社會希望把勞動從生計考量的 Instrumental 活動，轉型為勞動即喜悅的 Consummatory 活動。又或者，大家會寧可工作時間少一點，轉而把時間花在欣賞音樂、運動流汗、與家人聊天這些本質上很豐饒的事情。這種工作與生活之間的關係，正是高原社會所追求的。

第二個變化是，企業不會再採取用錢砸人的高額獎金制度。如果高額酬勞大部分都會變成稅金，拿來吸引好人才的誘因就會從經濟酬勞變成非經濟酬勞，比方說工作的意義、共事伙伴的互動、自由決策權的大小等等因素。

有些爛工作除了酬勞之外一無是處，內容空虛、員工也不覺得有任何意義，因此誘因的轉換，應該也能幫助社會淘汰這些爛工作。

提升政治參與度

提高負擔率的第三個效果是提升國民的政治參與度。強烈排斥提高負擔率的人很喜歡的說法是「國家預算不夠都是政治家或官員害的，為什麼我們要幫他們擦屁股」，可是不覺得這樣講很奇怪嗎？

如果你對這種說法也有共鳴，不妨思考一個問題：為什麼你不參與政治多一點呢？我們國家採用的是內閣制民主主義，憲法保障我們的投票權，一個政黨或政治家提出的稅金用法如果合理，我們有權支持，或者反過來說，不合理的我們也有權反對。

既然如此，我們有行使這樣的權利對政治人物施壓，要他們把稅金用在我們想要的地方嗎？某一部分人是有這樣的觀念沒錯，可是整體的趨勢來說實在是少之又少。

舉例來說，令和元（二〇一九）年七月舉辦了第二十五屆參議院議員通常選舉，投票率是百分之四十八點八[11]。不知道其他國家情況的人只看這個數字，大概會覺得「差不多都是這樣的吧」，那麼來看看以下幾個國家的投票率，他們都沒有任何罰則或義務投票制度，看了之後你覺得呢[12]？

比利時：88.4%

瑞典：87.2%

丹麥：84.6%

冰島：81.2%

挪威：78.2%

德國：76.2%

芬蘭：68.3%

比較了這些數字之後，就會很清楚日本的投票率有多低……這也代表國民的政治參與度很低[13]。投票率高的國家，都是國民負擔率高的國家，就某個意義來說也是滿自然的。

既然自己的收入有超過一半要給政府，自然會非常關心政府怎麼用錢。這樣的強烈關心同時會提升人民的政治素養，因為想要獨立判斷政黨或政治家提議的政策優劣就需要做功課，主動熟悉社會議題，自己思考什麼解決法最好。

這對於解決高原社會中「經濟理性曲線外側的社會議題」是相當重要的一件事。

讓世界更糟糕的是「聽話又冷漠的好人」

「冷漠」這個疾病在我們生活的日本不斷蔓延，這對民主主義而言是非常危險的徵兆。

讓世界更糟糕的並不是臉上寫著「壞人」的人，而是「聽話又冷漠的好人」。一九六〇年代在美國領導民權運動的馬丁．路德．金恩牧師認為「好人的冷漠」是妨礙社會改革的因素，他感嘆說：

> 在這個改革的時代，最悲劇性的不是壞人粗魯的語言或暴力，而是好人們沉默、冷漠到嚇人的地步。

我們高原社會經濟的動力是來自「同理」與「慰藉」，「冷漠」是這種社會裡最大的敵人。想要葬送這個敵人，我們就要轉型成有難同當的「高負擔、高福利」社會。

四、重新設計教育制度

接著我想談談教育這件事，近來已經有很多教育學者、教育工作者在熱烈討論日本的教育制度，因此我這種局外人並不打算從具體細節上來指手畫腳。我雖然是教育的門外漢，不過這二十年來，我以顧問的身分參與組織發展、人才培育、組織改革企畫的過程中，從門外看到了目前正在推行的所謂「教育改革」，我發現幾個只能用「搞錯重點」來形容的重大謬誤，因此我想先在這裡拋磚引玉一下。

請先讀一下下列的引文：

因應未來科學技術的發展、產業結構、就業結構的變化，我們需要更有個性、有創造力的人才。

嚴格來說，以前的教育偏向以記誦為重的填鴨式教育，不過在未來的社會裡，我們不是單純獲得知識或資訊就好，還要善用知識、獨立思考、創造或表現，這些能力是我們要更重視的。

創造力與個性息息相關，唯有適性發展才能培養出眞正的創造力。

讀完這段文字，大部分人都會覺得：「喔喔，最近常常在講這個吧？怎麼了嗎？」但實際上並非如此。

這段文字是引自一九八七年由臨時教育審議會[14]編製的《教育改革的第四次答覆》，讀到這裡就會知道，近來教育界掛在嘴邊的教育議題「重視創造力」、「尊重個性」、「擺脫填鴨式教育」，這些早已經在超過三十年前就是官方認可的問題了。後來的日本教育與以前差很多嗎？要對此做出細緻的評價應該不是很容易，但是我想應該沒有人能拍胸脯說「差很多」吧。

就職活動中表裡不一的謊言

三十年前就已經很清楚「問題（應該改變什麼）」與「解決方法（要怎麼改變）」了，但是在經過諸多的改革後依然沒有發生可見的變化，代表即便我們討論同樣的議題、採用同樣的解決方案，也只是在重蹈這三十年的覆轍。因此我首先想提議的就是，這類的討論是不是能適可而止了？

需要改變的問題明明很明確，但是不管處理多少次都沒有太大的改變，這種情況幾乎都是因為問題是出在「複雜的體制」。我這裡說的「複雜的體制」指的是「產生問題的體制是開放式體制，因此問題不只是來自已知可見的範圍，更是大範圍的多重因果關係交織而成」。

麻省理工學院史隆管理學院的彼得．聖吉（Peter Senge）提倡「學習型組織」的概念，他被視為是對二十世紀的經營科學產生最大影響的人。他認為「將整體化約為細部後，修正不好的地方」這種化約主義的方法論，也就是所謂的「邏輯思考」無法解決複雜的問題，解決複雜問題需要的是綜觀全局的「系統思考」法。

我想說的就是，雖然我們想解決這個問題，但是問題的癥結點牽涉到教育領域之外，只要不處理這些因素，就不太可能從根本上解決問題。

尤其我認為教育現場的各種努力最終都無效的原因，與其說是第一線的教育本身，不如說是第一線的教育結束後，迎面而來的就職活動，以及就職後的經濟活動與社會活動。這是什麼意思呢？

本書不是談論教育的書，而且本章也只是補論而已，所以我不會詳細討論下去，不過我覺得根本的原因就是：

沒有人真心想要有個性的人才。

簡單來說就是這個理由。

社會上大部分人都不想要有個性的人才，他們想要的反而是順從聽話的人才。學子都看穿了這種「表裡不一」的謊言，因此培養創造力與個性的教育才會像一場鬧劇，不斷在白費功夫。

應屆畢業生一次雇用制度的結束

對於我的質疑，或許會有人反駁說「不，才不是這樣，我是真的想要有個性的人才」。

但是從社會規定與機制中隨處都能找到「社會多數人都不想要有個性的人才」這種「大人的真心話」，舉例來說，為什麼日本到現在還在沿用全球少見的奇異徵才制度「應屆畢業生一次雇用」？

應屆畢業生一次雇用的前提是「所有人都在同個時期進行與其他人相同的活動，並與其他人同時期進公司」，而且徵人的各個企業還很詭異而用心地統一了「徵才的解禁日」。以這種徵才方式作為吸收人才的主要手段，代表他們在傳遞一個訊息：「我們不需要無法與社會規定同步的『有個性的人才』」。

最近每間企業都像在互相抄襲一樣，都在對勞動市場傳達「我們想要能夠自行主導改革的個性人才」這種毫無個性的訊息，一邊採取應屆畢業生一次雇用的制度，一邊又在傳遞這類的訊息，根本就是自欺欺人的行為，每次看到他們臉不紅氣不喘說出這些話，我都讚嘆不已。

應屆畢業生一次雇用的制度需要「短時間評價大量的候選人」。

這是一個大問題，因為評價勢必是「準確度與時間之間的取捨」，短時間的評價一定會犧牲準確度，而想要提升準確度就一定會花時間。尤其「個性」與「創造力」這種關於個人

圖 19：人才素質的「冰山模型」

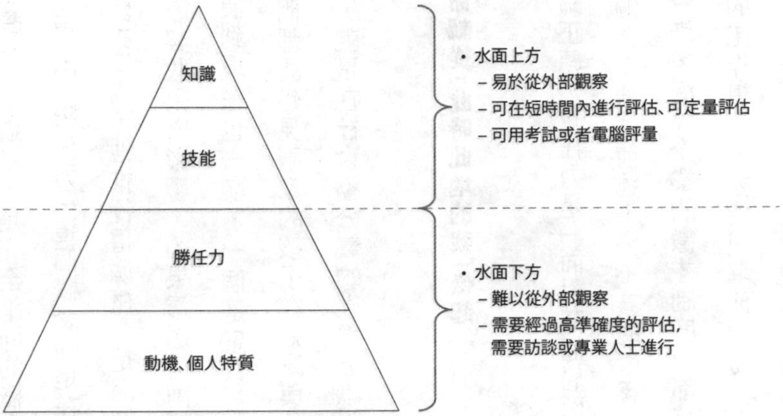
知識
技能
勝任力
動機、個人特質
• 水面上方
– 易於從外部觀察
– 可在短時間內進行評估、可定量評估
– 可用考試或者電腦評量
• 水面下方
– 難以從外部觀察
– 需要經過高準確度的評估，
需要訪談或專業人士進行

特質的項目無法以筆試測出來，精準評價需要龐大的時間與成本。

上圖19是人才培育界常常使用的典型的「冰山模型」。以「冰山」作為比喻是因為人才素質由「容易從外部觀察出的水面上因素」與「不容易從外部觀察出的水面下因素」組成。

各位都知道升學考試可以檢驗出的問題解決能力，屬於「知識」與「技能」，這兩項相對容易從外部評價，在應屆畢業生一次雇用的制度中也可以評估。

個性與創造力是有關勝任力、動機、個人特質的項目，非常難以在短期內從外部評估。常常有人誤以為勝任力是能力或技能的意思，不過兩者是完全不同的概念，需要特別注意。

最初提出「勝任力」這個概念的是在哈佛大學講授行為心理學的大衛・麥克利蘭（David McClelland）[15]，他推行這個概念是因為他有一個問題意識，他發現知識與技能很容易受到父母學歷與收入所影響，如果透過這兩項評估人才，會擴大並複製社會上的貧富差距。

即便到現在也一樣，一個是足以負擔高額補習費用的家庭，一個是沒有那麼富裕的家庭，我們都能想見兩家的孩子在知識與技能上會有落差，因此選用這兩個項目篩選人才的企業人資，就是在社會不公義的火堆上添柴，但是這些當事人有這樣的自覺嗎？

革命就從「此時此地的我」做起

回歸正題，勝任力是「面對某個局面時選擇不同方式處理問題」的思考特質、行為特質，麥克利蘭為了陳述前述不公不義的影響，他提倡透過評估勝任力來選拔人才。

如今許多海外企業的徵才制度中都有包括實習，實習會成為主流就是因為要先實際觀察一個人的工作情況，才能理解他的勝任力與個人特色。

這一連串的事情想下來，只會得到一個結論，就是「沒有人真心想要有個性、充滿創造力的人才」。如果是真心想要的話，應該會感到坐立難安，想要馬上廢止這種徵才方式吧。系統性思考的根本在於認識現狀，在於「將現在的體制優化到最適合產生現在這個結果的完美體制」。既然各位讀者都讀到這裡了，你們肯定也認為現在的教育制度有很嚴重的問題，也會強烈懷疑「現在的教育制度經過完美的優化了嗎」。

我過去涉入過許多複雜的問題，這些經驗讓我提出了這樣的質疑。我分析體制，想要解決複雜的問題時，往往會發現人們總是說一套做一套，表面上說想要「理想的未來」，實際上做的才是「現在真心想要的」。

這代表的是，我們每個人或多或少都從現在的教育制度得到了一些利益，而且我們不希望在改變體制後失去這些利益。講得更簡化一點，成就現在這個教育制度的，就是正在閱讀本書的你自己。如果只是在那裡嚷嚷教育部有錯、教育現場有錯、補習班有錯，而沒有認清到這一點，我們永遠解決不了現在的問題。

本書到此也要進入尾聲了，希望各位覺察到，造成當今世界各種悲劇的就是你自己。這樣的覺察，會是本書一切改革案的根本。

世界上有太多人都認為是「某個地方的某某某」製造了問題，矯正問題的也是「某個地方的某某某」。這些人充滿仇恨的攻擊性言論，把虛擬空間變成了垃圾場，但是這種世界觀最終只會帶來「停滯的黑暗谷底」。

如果我們想要打造出「成熟而光明的高原」社會，首先就需要認清：既然「此時此地的我」製造了很多問題，革命也該從「此時此地的我」開始做起。

1 原載於外務省網站。

2 原載於 financial star 網站。

3 美國的聯邦政府並沒有規定官方語言，只是有 32 個州規定英文為官方語言，因此我才會特別聲明英文是他們「實質上」的官方語言。

4 在這裡補充一下，關於這個命名，我之所以刻意不選現在越來越普及的「儀表板」，並不是因為我想獨占命名的榮譽，單純是因為儀表板的感覺不太是「併陳多個指標」，而是每個指標之間互相消長的關係。它更側重於決策者要決定怎麼善加綜合管理、要偏重哪一個指標，意義更偏向「主體性的決策（Will to manage）」。

5 原始的平衡計分卡是哈佛商學院的教授羅柏．卡普蘭和經營顧問大衛．諾頓於 1992 年提出的。

6 Key Performance Indicator（關鍵績效指標）的縮寫，是達成組織目標最重要的指標。

7 補充說明，戰爭與承平時期需要的資質相差甚遠，在其中一個時期成功的人，在另一個時期常常都不太順利。經典例子就是邱吉爾，他在戰爭時將英國的所有資源都投入與納粹德國之戰，他在這個局勢中精彩發揮了一流的領導力，但是在戰後的承平時期裡，就算寬容一點來看，他的表現始終都還是很二流。

8 財務省的報告指出，日本令和2年度（2020）的預算是，國民負擔率：44.6%、租稅負擔率：26.5%、個人所得課稅：8.0%、法人所得課稅：5.4%、消費課稅：9.4%、資產課稅等：3.6%、社會保障負擔率：18.1%。

9 從OECD全會員國的數據看幸福度排名與國民負擔率的相關，發現R2是0.074，可以說幾乎沒有關聯。

10 原載於日本貿易振興機構（JETRO）網站。

11 原載於總務省網站。

12 原載於GLOBAL NOTE資料庫「世界議會選舉投票率 國別排名、變化」。

13 已開發國家中，投票率與日本不相上下的只有美國（大約50%左右），不過美國的選民需要做投票登記，選舉制度與日本不太一樣，很難直接比較。

14 臨時教育審議會是內閣總理大臣直屬的顧問機關，設立目的是教育改革，簡稱為臨教審。1980年代起，升學考試白熱化、青少年不良行為增加，還發生校園暴力、霸凌、逃學等等，教育環境失能加上文憑主義的弊害變成了社會問題，於是在中曾根康弘首相的主導之下，1984年設置了臨時教育審議會，希望能推動長期的教育改革。（節錄、摘要、編輯自「維基百科」）

15 David McClelland（1917-1998），美國的心理學家，研究心理與組織行為問題之間的關聯，包括勝任力與社會動機理論，對於後來的組織心理學影響甚鉅。（節錄、摘要、編輯自「維基百科」）

結語：寫給資本主義社會的駭客們

滿懷革命的熱情，擁抱你

Te abraza con todo fervor revolucionario

切．格瓦拉（*Ernesto Guevara*）

世界上有兩種人，一種人覺得這世界有點奇怪，有點不合理，並且希望能改變這些地方。另一種人覺得世界「就是這樣」，他們接受這個「無可奈何」，並且想要在其中長袖善舞活下去。

如果你是第二種人，本書的內容應該幫不到你任何忙，應該也很難讀到這篇「後記」吧。這代表現在在閱讀「後記」的你應該是第一種人，你們對於世界上隨處可見的不合理與沒道理感到憤怒，雖然想要改變，但是看到巨大的敵人在前又很猶豫不決，不知道該怎麼採取行動。

我在本書的最後想要提供你們一個建議：建議你們以後就當一個「資本主義的駭客」吧。駭客不會從外部用鐵鎚敲爛我們立足的社會體制，駭客會靜靜駭進系統內部，最終改變整個系統的表現，駭客是安靜的革命家。未來具有這種思考模式或行為模式的人會在世界的每個角落崛起，然後出現在我們面前，他們就是主導21世紀社會改革的「資本主義社會的駭客」。

二十世紀前葉的德國哲學家海德格提出「世界劇場」的概念，他認為「此在（我們）」的本質與我們在社會中扮演的角色並不相同。心理學把我們在舞台上扮演的角色稱為「人格面具（Persona）」，Persona 原本就是面具的意思。我們戴上了不同於真實自己的面具，扮演著被賦予的角色，英文的人格「Personality」也是從 Persona 來的。所有人被「拋擲」到世界這個舞台上，都是為了在世界舞台上扮演角色，海德格稱之為「籌畫（Project）」。被拋擲後有所籌畫的人，如果埋頭扮演世界劇場的角色，就叫作「沉淪（Verfallen）」。

在這個情況下，問題出在「此在與角色的分別」，很多人無法區分在世界舞台上沉淪於扮演角色的自己，以及原本的自己。得到好角色的人，不會以為好的是角色，而是以為自己的此在很好，飾演龍套小角色的人，也以為自己的此在是龍套。我們都知道能夠得到主角級角色的只有極少數人，大多數的人得到的都是龍套角色，只能在世界舞台上當一個陪襯品，他們扮演得痛不欲生，表面上為入戲高歌舞蹈的主角級人物喝采，暗地裡卻想著「我才不想變成他那樣」。

世界上應該沒有任何人會覺得，這樣的世界很健康很理想吧，以世界劇場的比喻來說，就是這齣戲的劇本實在糟糕透頂，糟糕的劇本就應該要改寫，可是問題來了，誰要改寫這個腳本？這一題就難了，有資格改劇本的是具有莫大影響力與發言權的大牌編劇或導演，可是我們想一下就知道了，他們根本沒道理改寫目前的劇本。他們在世界舞台上扮演著討喜的角色，大幅修改劇本得不到任何利益。這代表無法完全適應現在這個世界舞台的人，被迫扮演龍套角色的人，最有可能成為改革者。這些人最終會成為資本主義社會的駭客，逐步改變世界。

但是改變真的是有可能的嗎？當然有可能。回想一下一百年前的世界，在當時的社會，女性不被認可有選舉權，天生的經濟差距被視為理所當然，許多孩童被迫從事嚴苛的肉體勞動，毒性很強的工業廢水沒有經過處理就直接排進河裡。現在的我們很難相信這種反烏托邦的存在，但是當時有一群人死心認為世界就是這樣，他們接受了。那麼為什麼這些習以為常的不公不義已經從現在的社會消聲匿跡了？大家都知道，因為另外一群人覺得這太奇怪了，他們積極地發出了聲音。他們大多都不是什麼名留青史的革命家，但是如果我們社會真的有比當時進步那麼一點點的話，功勞就在他們身上，他們是過去的「無名駭客們」，我們絕對不能忘記他們的存在。

我們收下了接力棒，因此要把接力棒再傳給下一代。我的意思是，現在的我們不假思索接納的社會，在一百年後的人眼中，可能充滿了各種愚不可及的習以為常。

有些人忘記怎麼批判性思考，有些人服膺悅納這個世界，我們無法期待他們改善這些「愚不可及」，肩負這個任務的，就是現在正在閱讀後記的你。希望你能驕傲地做一個「資本主義社會的駭客」，一起出一份力建設新的世界。

二〇二〇年十二月　山口周

参考文獻

・アビジット　バナジー他著、村井章子訳《絶望を希望に変える経済学》日本経済新聞出版、2020 年
・アレクサンドル　コジェーヴ著、上妻精他訳《ヘーゲル読解入門》国文社，1987 年
・岩井克人他《資本主義と倫理》東洋経済新報社，2019 年
・ヴェルナー　ゾンバルト著、金森誠也訳《恋愛と贅沢と資本主義》，1987 年
・オルテガ　イ　ガセット著、寺田和夫訳《大衆の反逆》中央公論新社，2002 年
・カール　マルクス著、長谷川宏訳《経済学　哲学草稿》光文社，2010 年
・カール　マルクス著、中山元訳《資本論 1-4》日経ＢＰ，2011 年
・カール　マルクス著、森田成也訳《賃労働と資本/賃金　価格　利潤》光文社，2014 年
・ソースタイン　ヴェブレン著、村井章子訳《有閑階級の理論》筑摩書房，2016 年
・ジャン　ボードリヤール著、今村仁司　塚原史訳《消費社会の神話と構造》紀伊國屋書店，1995 年
・ジョルジュ　バタイユ著、出口裕弘訳《内的体験》平凡社，1998 年
・ジョルジュ　バタイユ著、酒井健訳《エロティシズム》筑摩書房，2004 年
・ジョン　ラスキン著、宇井丑之助他訳《芸術経済論与えられる歓びと、その市場価値》水曜社，2020 年

・タイラー　コーエン著、池村千秋訳《大停滞》NTT出版，2011年
・近内悠太《世界は贈与でできている資本主義の「すきま」を埋める倫理学》News Picksパブリッシング，2020年
・ディヴィッド　ピーター　ストロー著、中小路佳代子訳《社会変革のためのシステム思考実践ガイド》英治出版，2018年
・トマ　ピケティ著、山形浩生　守岡桜　森本正史訳《21世紀の資本》みすず書房，2014年
・ハンナ　アレント著、志水速雄訳《人間の条件》筑摩書房，1994年
・広井良典《創造的福祉社会「成長」後の社会構想と人間　地域　価値》筑摩書房，2011年
・広井良典《定常型社会新しい「豊かさ」の構想》岩波書店，2001年
・広井良典《ポスト資本主義科学　人間　社会の未来》岩波書店，2015年
・フリードリッヒ　ニーチェ著、西尾幹二訳《悲劇の誕生》中央公論新社，2004年
・マルセル　モーズ著、吉田禎吾他訳《贈与論》筑摩書房，2009年
・水野和夫《資本主義の終焉と歴史の危機》集英社，2014年
・見田宗介《現代社会はどこに向かうか——高原の見晴らしを切り開くこと》岩波書店，2018年
・見田宗介《現代社会の理論情報化　消費化社会の現在と未来》岩波書店，1996年
・諸富徹《資本主義の新しい形》岩波書店，2020年
・ルトガー　ブレグマン著、野中香方子訳《隷属なき道》文藝春秋，2017年

・ロナルド　イングルハート著、山崎聖子訳《文化的進化論人びとの価値観と行動が世界をつくりかえる》勁草書房，2019 年
・ロバート　スキデルスキー他著、村井章子訳《じゅうぶん豊かで、貧しい社会》筑摩書房，2014 年
・ユヴァル　ノア　ハラリ著、柴田裕之訳《サピエンス全史文明の構造と人類の幸福》河出書房新社，2016 年
・吉川洋《いまこそ、ケインズとジュンペーターに学べ有効需要とイノベーションの経済学》ダイヤモンド社，2009 年
・ヨーゼフ　シュンペーター著、大野一訳《資本主義、社会主義、民主主義》日経 BP，2016 年
・ヨーゼフ　シュンペーター著、塩野谷祐一他訳《経済発展の理論》岩波書店，1977 年

商業的未來

找回經濟中的人性

山口周／作　　陳幼雯／譯

作　　者　山口周
譯　　者　陳幼雯

總 編 輯　周易正
編　　輯　郭正偉
美　　術　陳昭淵
印　　刷　博創印藝文化事業有限公司
定　　價　400 元
ISBN　978-626-95186-7-8
版　　次　2023 年 8 月　初版一刷

出　　版　行人文化實驗室／行人股份有限公司
發 行 人　廖美立
地　　址　10074 臺北市中正區南昌路一段 49 號 2 樓
電　　話　+886-2-3765-2655
傳　　真　+886-2-3765-2660
網　　址　http://flaneur.tw

總 經 銷　大和書報圖書股份有限公司
電　　話　+886-2-8990-2588

國家圖書館出版品預行編目(CIP)資料

商業的未來：找回經濟中的人性/山口周作；陳幼雯譯.
-- 初版. -- 臺北市：行人文化實驗室, 行人股份有限公司, 2023.08
288面；14.8*21公分 | 譯自：ビジネスの未：エコノミーにヒューマニティを取りすす
ISBN 978-626-95186-7-8(平裝)
1.CST: 商業經濟 2.CST: 未來社會 | 550　111003617